情绪破局

突破束缚人生的 8 种情绪困境

偷书的猫—— 著

机械工业出版社

CHINA MACHINE PRESS

图书在版编目（CIP）数据

情绪破局：突破束缚人生的 8 种情绪困境 / 偷书的
猫著 . -- 北京：机械工业出版社，2025. 7. -- ISBN
978-7-111-78614-6

Ⅰ . B842.6-49

中国国家版本馆 CIP 数据核字第 2025BJ8442 号

机械工业出版社 （北京市百万庄大街 22 号 邮政编码 100037）
策划编辑：刘利英　　　　　　　　　责任编辑：刘利英
责任校对：颜梦璐　张慧敏　景　飞　责任印制：张　博
北京铭成印刷有限公司印刷
2025 年 9 月第 1 版第 1 次印刷
147mm×210mm・7.875 印张・1 插页・137 千字
标准书号：ISBN 978-7-111-78614-6
定价：59.80 元

电话服务　　　　　　　　　网络服务

客服电话：010-88361066　　机 工 官 网：www.cmpbook.com

　　　　　010-88379833　　机 工 官 博：weibo.com/cmp1952

　　　　　010-68326294　　金 书 网：www.golden-book.com

封底无防伪标均为盗版　　机工教育服务网：www.cmpedu.com

☺ 引言

破解人生困局的8把钥匙

　　情绪如同日夜流淌的江河，承载着人类最本真的生命体验。它不仅包含令人雀跃的欢欣（如收获爱情时的悸动），也裹挟着令人窒息的暗涌（如遭遇背叛时的震怒）。多年的心理行业实践经验，让我发现：真正困扰现代人的往往不是事件本身，而是面对情绪时的不知所措——有人将焦虑熬成失眠的苦药，有人把嫉妒酿成伤人的毒酒，更有人将挫败感堆砌成自我否定的高墙。

　　情绪研究领域早有共识：保罗·艾克曼（Paul Ekman）的6种基本情绪模型、卡罗尔·伊泽德（Carroll Izard）的情绪的四维理论、罗伯特·普拉切克（Robert

Plutchik）的情绪轮理论……这些学术大厦为我们揭示了两个重要真相：其一，人类存在跨越文化的情感共鸣；其二，情绪光谱远比我们想象的复杂——仅《心情词典》（*The Book of Human Emotions*）就收录了上百种细分情绪。

本书不做学术陈列柜，而是打造实用工具箱。我以三个标准［发生频率（日均出现 1.2 次以上）、作用强度（直接影响决策质量）、认知盲区（约 80% 的人存在误解）］精选出了 8 种"高影响力情绪"，它们依次是：

（1）**愤怒**：这把双刃剑既可能烧毁人际关系（如伴侣间的失控争吵），也可能熔铸自我边界（如职场中的合理抗议）。关键在于掌握"情绪淬火术"——何时该让怒火淬炼成钢，何时需及时降温避免自伤。

（2）**焦虑**：这个现代文明的衍生品，既催生了摩天大楼（源于对效率的追求），也豢养着失眠幽灵（来自过度担忧）。在本书中，我们将破解"未来恐惧症"，引导你将焦虑转化为精准的行动坐标。

（3）**挫败**：从考场失意到创业受挫，这种情绪最易引发"自我认知雪崩"。但鲜有人知道的是，挫败感中埋藏着"心理反脆弱"的种子，关键在于掌握培育技巧。

（4）**嫉妒**：被污名化的情绪暗影里，实则跳动着进取的火种。通过嫉妒转化的方法，你将学会从比较的苦果中萃取成长的能量。

（5）**厌恶**：这种进化赋予的防御机制，既能守护价值观底线（如抵制抄袭），也可能筑起偏见的高墙（如地域歧视），关键在于建立"心理筛网"。

（6）**愧疚**：它是道德感过载的副作用，既可能成为修复关系的黏合剂（如真诚道歉），也可能化作慢性精神内耗（如过度自责），关键在于掌握"良知天平"的校准技术。

（7）**孤独**：它是信息洪流中的当代顽疾，既可能引发存在危机（如宅居抑郁），也可能孕育思想结晶（如艺术家的创作），关键在于建造"精神蜂巢"。

（8）**害羞**：这个社交场域的隐形镣铐，既可能阻碍机会获取（如面试失误），也可能成就独特魅力（如谦逊形象），关键在于"社交能级"调控。

当我们揭开这些情绪的面纱时，会发现一个惊人的共性：无论是灼人的愤怒，还是噬骨的焦虑，本质上都是认知系统出了问题。要理解认知如何影响人生轨迹，我们先观察一个典型职场案例：

新媒体运营新人小李，入职时带着坚定的信念："成功 = 拼命加班"。这套认知程式让他：

- 每天下班后自动留守办公室 2 小时（即使已完成任务）
- 周末背着电脑随时待命（焦虑雷达全天开启）
- 把同事正常下班视为"不够敬业"（滋生隐秘的优越感）

当季度晋升名单中没有他时，认知系统瞬间触发情绪海啸：

- 愤怒："我这么拼命，凭什么落选？"
- 挫败："果然再怎么努力也没用。"
- 嫉妒："那个准时下班的人居然升职了？"

这些情绪催生的行为却适得其反：

- 更疯狂的加班导致效率下降（疲惫累积）
- 回避团队协作（认为"别人会拖后腿"）
- 健康亮起红灯（失眠、胃痛频繁发作）

直到领导约谈点破认知谬误，"公司看重的是成果质量，不是工作时长"，他才惊觉自己困在认知牢笼中。

当我们深入观察职场新人小李的案例时，会发现认知偏差如何像多米诺骨牌般引发连锁反应。在本书中，我把这些认知偏差叫作"心理谬误"。有心理学家总结出来十大心理谬误，基本上就是导致一切负面情绪和结果的元凶，接下来，让我们一起来认识一下它们。

（1）**二选一思维**：一个人习惯于使用非黑即白、非此即彼的极端思维模式。

（2）**过度概括倾向**：用片面的观点看待整体问题，片面地根据局部现象来推测整体情况，得出错误的结论。

（3）**负面偏见**：人们沉溺于负面，无视所有的正面。其中的隐藏陈述是，"我即别人对我的成见"。就像那个典型的半杯水例子一样，有人看到的是"只剩"半杯水，有人看到的是"还有"半杯水。

（4）**自我贬低**：是一种否定正面思考的思维模式，坚持认为自己的成就或优点"算不得数"。自我贬低思维指一个人否认生活中的积极面，持有一种消极偏见，这种思维模式最有可能给人带来的影响是，当好事到来，就倾向于认为是运气使然或者把它解释为外部因素，自己贬低自己。

（5）**随意断定**：也叫跳跃式结论，武断地预测事情的结果会很糟糕。这种缺乏事实依据的预测会持续加剧焦虑情绪。

（6）**评估失衡**：过分地放大自己的缺点或过失，过分地缩小自己的优点或成功，这种思维模式又被称作"双目镜把戏"。

（7）**感性推断**：直接将感觉等同于事实的思维模式。感觉并不总是现实的准确指示，当经历这种认知扭曲时，有人就会毫无疑问地相信自己的感觉，大脑自动产生没有依据的想法。

（8）**"应该"的暴政**：总用"应该""不应该"来进行思考，并以此来要求自己或他人。这种应该思维强调了关于一个人"应该如何"的行动规则，通常突出了自己在特定方面行为的失败，会导致挫折感、愤怒和怨恨。

（9）**盲目标签化**：死板地给自己或他人贴上标签。标签有很强的导向定性作用，以评判性语言而非描述性语言，习惯性地定义自己或他人，无论性质是正面还是负面的，对个体的自我认同及自我价值都有强烈的影响。

（10）**过度归责**：也是一种认知扭曲，指的是不管事件是否与自己或他人有关，都将自己或他人作为消极事件的原因，责备自己或他人的一种情绪。

本书将逐章解构导致情绪困境的核心规律：负面情绪

多由以上心理谬误驱动，当我们认识了心理谬误，就能觉察它、识别它，甚至纠正它，从根源上进行情绪破局。这套认知纠错技术已帮助数万人实现思维系统升级，突破束缚人生的各大情绪困境。准备好了吗？现在，该你按下重启键了。

本书的出版离不开众多伙伴的赋能与支持。衷心感谢为本书提供帮助的各位伙伴，尤其要感谢天下秀数字科技集团创始人、董事长李檬，感谢他长期以来对心理学传播推广发自内心的认可与力挺，这是本书得以最终面世的关键。

特别感谢三位核心协作者：郝人贡献了关键思路与资料，见解深刻；秋白精心梳理内容，为书稿的完成打下了坚实基础；张彬则提供了宝贵案例，并承担了重要的后勤保障工作。也感谢路永娜的积极联络，正是她的努力，使本书获得了专业出版的机会。你们的每一份力量，都是本书得以成型的基石。

目录 ☺

引言　破解人生困局的8把钥匙

第1章　好好生气：愤怒情绪的应对 /1

认识愤怒 /4

愤怒情绪的应对　/12

觉察愤怒小工具 /28

第2章　从容生活：焦虑情绪的化解 /35

焦虑是什么 /36

焦虑的表现 /37

焦虑的评估 /41

焦虑的功能与价值 /48

焦虑变成困扰的原因 /51

焦虑的应对 /60

第3章 从挫败中收获复原力：挫败情绪的应对 /70

什么是挫败感 /72

挫败感的五大推手 /73

挫败感的影响 /85

挫败感的测试与评估 /88

应对挫败感的方法 /91

第4章 好好嫉妒："红眼病"要坦荡荡 /98

嫉妒是什么 /99

为什么会嫉妒 /103

嫉妒的功能与价值 /107

感到妒火熏心怎么办 /110

好像被别人嫉妒了，怎么办 /115

第5章 反感也讲究：厌恶情绪的应对 /118

厌恶是什么 /119

为什么会厌恶 /122

如何应对厌恶 /127

第6章 放过自己：摆脱有害愧疚 /137

愧疚是什么 /139

健康的愧疚感和不健康的愧疚感 /144

人际互动中不健康愧疚感的来源及应对 /150

第7章 孤独不寂寞：与内心做朋友 /165

孤独是什么 /166

关于孤独的"冷知识" /167

如何与孤独相处 /175

第8章 害羞不再是枷锁：解锁你的自信密码 /209

认识害羞 /211

如何克服害羞 /221

结语 /231

延伸阅读 /236

第 1 章

好好生气
愤怒情绪的应对

在人牛的长河中，我们每个人都像航行在水面上的船只，时而平静前行，时而遭遇狂风巨浪。其中，愤怒情绪就如同那突如其来的风暴，让我们在措手不及中感受到强烈的冲击与挑战。愤怒，这种带给人们激烈、混沌感受的情绪，它既是人性中不可或缺的一部分，也是我们日常生活中难以避免的体验。

想象一下，当你满怀期待地准备开始一个新项目，却因为团队成员的疏忽而面临失败的风险；或者当你精心策划的周末计划，因为突如其来的变故而化为泡影。这些时候，一股名叫愤怒的情绪往往会不由自主地涌上心头，让我们焦躁、失望甚至情绪激动。但同时愤怒就像是一个被触发的警报器，提醒我们某些事情出了问题，需要我们去面对和解决。

愤怒并非全然负面。正如风暴过后天空会更加清澈，愤怒情绪也可以成为我们成长和改变的催化剂，关键在于我们如何认识和应对这份情绪。极端的激烈对抗、一时快意的宣泄也许会引爆更多炸弹；压抑的隐忍，凡事埋藏心底也会为自己埋下了隐患。这两种也许都不是最好的处理方法。更加温和、合理地应对我们的愤怒，接纳自己的情绪，从而找出适当的解决方法，才是好好爱自己，因此我们也需要学会"好好生气"。

如果我们能够学会"好好生气"，即以一种健康、有效的方式去处理和表达愤怒，那么我们就能够从中汲取力量，成为更加成熟、理智的人。

在本章中，我们将一起探索愤怒情绪的奥秘，学习如何识别愤怒的信号、理解愤怒的来源、掌握应对愤怒的策略，并最终实现愤怒情绪的有效管理和表达。让我们一同踏上这段旅程，学会与愤怒情绪和平共处，让它成为我们人生旅途中的一股助力而非阻力。

下面，让我们一起来看看一些生活中经常出现的情景：

- 连续熬夜改了八遍稿，甲方说还是用第 1 版吧
- 开车在路上直行，结果被右侧车辆加塞，险些

发生剐蹭

- 你想和爱人谈一件重要的事，可他一直在打游戏，似乎也不愿听你说（伴侣的坏毛病被说了100次，仍毫无改变）
- 你很明确地拒绝了一个追求者，但是这个人还是隔三岔五地给你分享日常，并邀约见面
- 你端着4杯咖啡，好不容易快走到桌前时，有人撞到了你，咖啡全洒了
- 有个人对某个问题本来知之甚少，可他还是固执地和你争论个没完
- 一到假期，领导就安排工作
- 有人做错了事，反而还埋怨你
- 你跟孩子说了无数遍吃饭的规矩，但他还是在饭菜快要凉了的时候才上桌
- 你发布了一个精心总结的旅行攻略，评论区有人阴阳怪气地说"好啦好啦，知道你有钱了"
- 你和其他人都犯了错误，可别人侥幸逃过，上司单单把你拎出来批评
- 和你很要好的朋友们相约去聚餐，唯独没有叫你

以上情景是不是很熟悉？基本上每一种情况，都会引发你或大或小的情绪……

认识愤怒

愤怒的全貌

1. 愤怒是什么

在生活中，我们常常能感觉到自己有情绪了，但其实具体是什么情绪，有时候我们并不能明确地分辨出来，所以"识别情绪"其实是做好"情绪管理"的第一步，它非常重要，因为每一种情绪背后都有不同的成因和心理机制，它所导致的结果是不一样的，疏导和应对的方式也是不一样的。如果不能准确地识别出是哪一种或哪几种情绪，就不能很好地疏通情绪、转化情绪的能量，会对我们的生活造成阻碍和困扰。

让我们来好好认识一下愤怒。

愤怒，是一种强烈的情绪反应，表现为对某种事物感到极度的不满、烦躁或厌恶。这种情绪通常伴随着相应的生理反应，如心跳加快、血压升高、肌肉紧张、呼吸急促、面红耳赤等。在某些情况下，愤怒能够激发人的斗志和行动力，但过度的愤怒可能会导致谩骂、攻击、行为失控等负面后果，甚至产生严重的损失。

2.愤怒长什么样

我们初步认识了愤怒的情绪，其实愤怒也有不同程度的区别。在日常的观念下,我们大多认为单方的拒绝、攻击、宣泄或者多方的矛盾冲突是愤怒，但其实不尽然。愤怒有很多种模样，有的时候一些我们认为不是愤怒的表现，其实也是一种不完全的愤怒。将愤怒分类，可以让我们进一步加深对它的认识。如图 1-1 所示，我把它分为初级和升级两种，初级的愤怒情绪表现为不耐烦、不满；升级的愤怒情绪表现为委屈、暴怒。它们虽出自同源，但其不同之处也会带来处理方式上的差别。而弄清楚愤怒的类别，也有利于选择合适的应对方式。

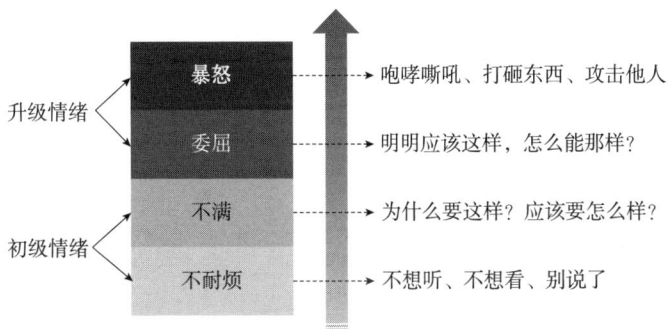

图 1-1 愤怒长什么样

接下来，我会举例各类愤怒的表现，来让大家理解不同愤怒的含义。

不耐烦的表现：

- 看表或者手机，不停地看时间
- 眼神闪避、不想看对方
- 大声呼出气、吸气
- 不耐烦地摆手或者抬眉
- 突然变得沉默
- 重复类似的话，来表示想结束谈话
- 态度上表现出不耐烦或者厌烦，例如不耐烦地回答问题，不耐烦地解释某些概念，不耐烦地打断别人的发言

不满的表现：

- 反感、不满或厌烦的表情，例如皱眉或者咧嘴等
- 声音变大或者高亢
- 拒绝交谈，例如不接电话或者即使接电话，也不说话
- 反复强调特定的观点，以表达自己的不满或者反对
- 扭曲、僵硬和被动的姿势
- 不停地重复某些具有表现意义的行为，例如拍桌子或者跺脚等

委屈的表现：

- 不停地抱怨，倾倒情绪垃圾

- 沉默和退缩，不再与周围的人沟通、交流

- 低落和沮丧，意志力和干劲下降，表现出心理
  上的孤独和无助

- 情绪激动，大喊大叫或哭泣

暴怒的表现：

- 情绪失控、言语激烈，甚至会咆哮或嘶吼

- 面部潮红、心跳加速、手脚发抖、肌肉紧绷等
  身体反应

- 发脾气、摔东西、砸东西

- 暴力倾向，如推搡、打架

- 沉默寡言、退缩不前，不敢面对问题

为什么愤怒

　　我们都知道愤怒是什么了，我们也一定有意识或无意识地经历过短暂的不满和完全的愤怒，它是一种非常常见的情绪。愤怒时常会让你觉得自己好像被一种不可预测的强大情绪所摆布。将不可预测的事物尽量转化为已知，能帮助我们找回情绪的地图，寻找方向。那我们为什么会感觉到愤怒呢？

首先，愤怒是一种感知到威胁后本能的自我保护，它激发了强大的、通常是攻击性的情感和行为，使我们能够在受到攻击时进行战斗和自卫。在人类进化的早期，面临各种危险和挑战的原始人需要快速反应和应对威胁，以保护自己和自己的社群。因此，一定程度的愤怒对我们的生存是必要的。比如一辆飞驰而过、差点儿撞到你的车，当大脑察觉到这种生命威胁时，愤怒就会突然出现，可能会伴随着快速躲避、心跳加速、血压升高、肾上腺素飙升、大喊大叫、挥舞双手等。

其次，人类独特的认知能力让我们的情绪也并非简单的生理反应，美国心理学家珍妮弗·S. 勒纳（Jennifer S. Lerner）认为情绪来源于我们对事件的"价值"进行评估，当事件与个体的目标、价值观和利益相一致，触发的情绪是愉快的；而当个体对某种事件或情境的价值评估和真实的目标、价值观和利益不一致时，就可能触发类似愤怒这样不愉快的情绪。

所以，我们在四种情况下非常容易感觉到愤怒：**不公正的待遇、无法控制的情况、失望或挫败、需求未被满足**。这种陷入"预设的应该"没有实现的憋闷，让我们愤怒不已。这本质也是因为我们对事件的预估价值与实际产生了不一致。

"不合时宜"的愤怒

我们不能对每一个激怒或惹恼我们的人或物进行实质性的猛烈抨击；法律、社会适应性需求和规范限制了我们的愤怒能带我们走多远，我们与愤怒同行越久，离自我成长就越远。

人们会使用各种有意识和无意识的过程来处理他们的愤怒情绪。当它失控并变得具有破坏性时，它可能会导致各种问题。过度压抑愤怒，你的愤怒就会转向内心——对你自己。这可能会导致持续性的自我伤害，比如冠心病、高血压或抑郁症，甚至形成愤世嫉俗和充满敌意的性格。

对外无限爆发的愤怒，会让人们倾向于更加关注负面信息和风险，并采取更具攻击性和冲动性的行为。通常表现是进行言语和身体上的攻击，导致工作中出现更多不合作的行为，职场发展受限，与他人难以相处，使得人际关系恶化，甚至产生违法犯罪等极端负面行为。

以下是一些更加具体的问题的举例。

（1）**健康问题**：愤怒情绪会导致身体紧张和压力，增加心脏病、高血压、中风等健康问题的风险。长期的愤怒情绪还会削弱免疫系统，增加患上疾病的风险。

（2）**心理问题**：愤怒情绪可能会导致心理问题，如焦虑和抑郁。过度的愤怒情绪可能会使个体感到不安、沮丧和无助，进而影响其心理健康和幸福感。

（3）**人际关系问题**：愤怒情绪可能会使人变得易怒、冲动、更具攻击性和不合作，导致他人与之疏远。过度的愤怒情绪可能导致人际关系的破裂和社会隔离。

（4）**工作问题**：愤怒情绪会影响个体的工作表现和职业发展。过度的愤怒情绪可能会导致工作失误、冲突和争吵，影响个体的工作效率和职业形象。

（5）**法律问题**：当愤怒情绪导致个体采取暴力和非法行为时，可能会涉及法律问题和刑事责任。过度的愤怒情绪可能会使个体失去理智和控制，采取过激的行为，进而导致不良后果和法律风险。

什么时候你需要控制愤怒

愤怒可能会带来许多影响和结果，其中可能是有益的，利于解决问题或发泄情绪；而愤怒也是一把双刃剑，有可能带来一些负面的影响。

（1）当愤怒会影响决策时。愤怒可能影响我们的理智和清醒程度，导致我们在情绪下做出仓促、冲动的决定，这些决定不一定是基于深思熟虑或长远利益的。因此，当愤怒开始影响我们的判断力时，需要及时控制。

（2）当愤怒可能伤害不相关者时。愤怒的表达方式如果过于激烈或具有攻击性，很容易伤害到身边的家人、朋友、同事或是陌生人。这种伤害不仅破坏了人际关系，可能造成长期的裂痕，还很有可能让它产生的后果掉过头伤害我们自己。

（3）当愤怒成为习惯时。如果愤怒成为我们应对生活中产生的压力或不满的默认方式，那么这时就需要警惕了。短期内它可能会带来一些不当的解决问题的方式，长期处于愤怒状态会损害人的心理健康，甚至引发焦虑、抑郁等情绪问题。

（4）当愤怒影响你的健康时。愤怒还会对身体造成负面影响，如增加血压、心率，长此以往可能导致心血管疾病，带来一定的健康隐患。因此，当愤怒开始威胁到你的身体健康时，必须采取有效措施加以控制。

我们都希望以自信而非攻击性的方式来表达愤怒。因为愤怒这种情绪，是这样深入地影响着我们生理、心理和人际的方方面面，并且发生得强烈而迅速的它，给予我们反应、控制的时间也十分短暂、关键。要做到这一点，我们必须学会如何弄清楚自己的需求是什么，以及如何在不伤害他人的情况下满足它们。

那我们怎么知道愤怒什么时候有益健康，什么时候有害呢？当你感到愤怒时，是完全发泄好还是压抑情绪好呢？当愤怒干扰你的生活时，你是否可以使用有效的策略来应对愤怒？

解决问题的前提是发现问题。如果你在生活和工作中发现以下任何迹象，你可能就需要一些帮助来学习如何更好地控制你的愤怒。

（1）你的朋友或家人表示，他们认为你有易怒的问题，或者由于你的行为而疏远了你。

（2）你与同事不和，公司因为该问题不再欢迎你。

（3）你经常感到生气。

（4）你经常怀恨在心或想报复。

（5）在生气时，你已经或考虑过采取具有攻击性的或暴力的行为。

愤怒情绪的应对

在这个部分，我们将开始正式地探讨愤怒情绪的应对方法。我们将从临场急救、认知调整、调节自身因素和应对外部因素4个方面讲述，从临场控制情绪到调节认知，从根源疏导到应对引起愤怒情绪的他人，相信总有一种方法能帮到你。

4个情绪急救包

可能我们学习了很多愤怒管理办法，可是在那种情境下，自己就是非常生气，甚至想要发脾气，自己也知道此时发脾气是不合时宜的，但就是控制不住。以下这4个情绪急救包，可以供你参考，你可以在尝试后选择最适合自己的。

1.急救包1：紧急灭火技术

当你在任何情境中被激怒，感觉到自己即将爆发时，试着先沉默，然后从一数到五。有很多控制不住自己脾气的人表示，数到五之后自己的怒火稍微平息了一些。这样也许能方便你稍微冷静下来，然后思考更多应对方法。

2.急救包2：散心技术

感到愤怒后还要心平气和地处理眼前的事情，这有些困难。这时散心是有必要的，也就是我们常说的出去"静静"。比如你可以下楼走走，听音乐，做手工，等等。动用你平时惯用的小活动，让你的怒火先烧一会儿。等燃料耗尽，怒火自然会平息下来。

3.急救包3：自我关怀法

有些人一想到刚刚让自己生气的事情，就意难平。自我关怀技术可以帮助你，比如你可以这样想来做到接纳自己的愤怒："在那种情境下，我感觉自己受到了不公平的对待，我理应生气""生气是我的权利""我的愤怒是在提醒我，我正在被利用、被剥削、被欺负""我有这样的情绪是完全没问题的，我可以允许怒火先烧一会儿，但我也可以先不采取行动，等气消了再去解决问题"。

4.急救包4：认知解离法

认知解离法可以让我们从情绪中稍微脱离，更好地来应对情绪。比如你正愤愤不平于刚刚老板误会自己，满脑子都想着"老板就是针对我"，你可以用如下的几种方法，从自己的愤怒想法中抽离出来。

（1）"我现在有这样一个想法"句式。在自己认为是千真万确的事实前加一句"我现在有这样一个想法"，比如：我现在有这样一个想法——"他就是针对我"；我注意到我现在有这样一个想法——"他就是针对我"。

（2）默唱技术。现在在你的脑海里，用"祝你生日快乐"的调子来默唱你的想法，比如"他就是针对我"。

（3）拖长调技术。现在在你的脑海里，用拖拉的语调重复你的想法，比如"他——就——是——针——对——我——"。

别看很简单，这些都是提升你情绪觉察力的刻意练习。

认知辩论法

接下来我会通过三个有关愤怒情绪的具体案例，来展示在实际生活中愤怒情绪的发生场景和人们一般的认知误区。案例分析是一种直观且有力的方式，它不仅能帮助我们理解理论知识的应用，还能加深我们的沉浸感，模拟实际中我们可能面对的类似的问题。

案例　被"抢"的车位

吴明是一位公司中层管理人员。星期一早上，他到达办公楼时发现停车场已满，没有可用的车位。他在停车场内绕了几分钟，越来越沮丧，意识到如果他不能很快找到一个位置，他将在一次重要的会议上迟到，这个会议董事长要参加，吴明想，如果迟到了，肯定会对自己的职业发展有很不良的影响，以后自己在这个公司就没前途了。

再次绕了一圈后，他发现有辆车正要驶出一个停车位，就赶紧往前开，但就在他过去的时候，一辆货车拦在前面抢先占据了这个停车位。吴明急刹车，火气腾地一下就上头了，他暴躁地按着喇叭，对那个司机破口大骂。货车司机听到后满脸通红，气愤地下了车，跟吴明对骂起来，后来还动了手，停车场的保安冲过来劝架，才制止了更严重的扭打。

吴明最终还是迟到了，他觉得又委屈又窝火，开会的时候满脑子想着："太冤了，我真是倒霉透了！每次重要关头都要发生倒霉的事。""那个货车司机太粗鲁了，他怎么可以这么不文明？"

每每想起这件事，吴明还是怒气冲冲、愤愤不平。

如表 1-1 所示，这件事中，吴明至少犯了 7 条心理谬误：二选一思维、过度概括倾向、随意断定、评估失衡、感性推断、"应该"的暴政、盲目标签化。

表 1-1

序号	下意识思维	心理谬误	理性回应
1	如果这次会议迟到了，以后在这个公司就没有前途了	二选一思维、过度概括倾向、随意断定、评估失衡	迟到的情况谁都可能遇到，迟到一次不代表就没有前途了，以后要注意预估可能发生的情况，提前到达
2	明明是我先看到的，货车司机凭什么抢我的车位	感性推断	我先看到的并不等于我的，车位本来就是先到先得，我不应该觉得就是我的，还因此骂人
3	货车司机太粗鲁了，他怎么可以这么不文明	感性推断、"应该"的暴政、盲目标签化	他只是先我一步抢到了车位，也许他也有急事，没有义务让我先停车。我认为他粗鲁、不文明，是因为我觉得他应该礼让我，但这只是我的一厢情愿，还给他贴上了"粗鲁""不文明"的标签
4	我真是倒霉透了！每次重要关头都要发生倒霉的事	评估失衡、过度概括倾向	想得太夸张了，我并不是每次都这么倒霉，还没到"透"的地步

大家看到了吗？歪曲的认知使吴明产生了错误的判断，因此他选择了不适当的行为来处理车位被"抢"的事件，最终导致了自己要承担所有不良的后果。

情绪上头，常常使人们忘记——自己才是所有后果的承担者！

案例 永远不能及时回复消息的男友

姗姗是一名研三在读的学生，男友是广告公司的客户经理。虽然两人感情很好，但姗姗一直为男友不能及时回复消息而感到不满和生气。有很多次，两人约定见面的时间到了，男友迟迟无法赶到现场，也不回消息，姗姗的不满情绪就会被激发，进而跟男友发生争执，闹得很不愉快。

某天姗姗又来公司楼下等男友下班，约定6点见面，可姗姗等到6点半，男友还没出现，她中间发了好几条微信，男友并没有回复，直到将近7点，男友背着包气喘吁吁地出现了，当时她立马冲到男友面前，大声质问："你怎么总是这样？回一下消息能要多久？"男友当时有点儿懵，连忙解释："刚才我被领导叫过去，在紧急弄一个数据报表的事情，根本没时间看手机，我赶紧忙完就跑下来了。"

姗姗认为，无论男友工作有多忙碌，最基本的回复消息的动作，也就十几秒的事情，是应该完全有时间的，任何理由都是借口，她感到被冷落和不被重视，即使男友提供各种解释和道歉，她也不能理解他的行为。她对这一点耿耿于怀，并试图让男友完全符合自己的期望和要求。男友则满腹委屈，觉得她耍脾气、任性，不能很好地理解自己。

两人一度闹到要分手。

如表1-2所示，这件事中，姗姗犯了一个典型的心理谬误——"应该"的暴政，她觉得男友不能抽十几秒回复消息的场景根本不存在，他"应该"有时间回复自己，然后她还放大这种情绪，觉得自己被男友刻意忽视。当然，男友的考虑也欠妥，如果总是不能保证自己按时到场，就可以把时间约晚一点儿，减少女友每一次等待的时间。

表　1-2

序号	下意识思维	心理谬误	理性回应
1	他不可能没时间回消息，他应该第一时间回复我	"应该"的暴政	他可能真的忙到不便看手机，有紧急工作要处理。在某些情况下，他是可以不第一时间回我消息的。之前因为我不相信有那种场景存在，所以我才这么生气
2	他不及时回我消息，是刻意冷落我	评估失衡、过度概括倾向	他不及时回消息，是无法及时回复，并不代表他刻意冷落我
3	他不重视我	感性推断、盲目标签化	他不能完成做不到的事情，我不能将此理解为他不重视我

后来姗姗自己进入证券公司工作才发现，工作忙时真的顾不上看手机，并且不便打断工作去回复消息，才理解了男友的处境。

记住，这个世界上，没有那么多你所认为的"应该"。

案例　高速并线引发的负面后果

有一天，李峰在高速上开车，遇到一辆车突然强行并线切入，吓得他连忙紧急减速，他觉得很不爽，认为对方不守规矩，应该被"教育"一下，然后就开始跟对方较劲，超车后多次压制对方，不让对方超车，造成两车在高速上追逐斗气。后来，对方司机也怒了，突然撞向李峰，并冲下车殴打他，结果造成李峰轻伤，并且车辆损伤严重，需要更换车门，后期维修花费近两万元。

李峰自认为是个自律的人，平常驾驶也会注意不要有冲突，但发生的这件事，让他产生了许多想法："这里的驾驶环境太糟糕了！""我好像变成了自己都不认识的那类人，我的性格可能有问题。""这个世界太黑暗、太恶劣了。""我面对突发事件连基本的理性思考都没有，就直接冲动行事，才导致了不堪的后果，是我修养不够。"

这件事中，李峰从一开始产生"想教育一下对方"的念头并付诸行动时，事情的走向就已经完全脱离了他的控制范围。如果用体育竞赛进行类比的话，不守规矩的司机和他其实是同一角色，也就是"球员"，当"球员"犯规了，对他施予惩罚的应该是"裁判"，而不是"另一个球员"，我们可以想象一下，踢球时有球员撞人犯规了，另一个球员冲上去把他打一顿，结果是什么？肯定是两人同时被罚，两败俱伤呀。我们可以看到，这件事最后的结果也十分糟糕，让李峰懊悔不已。

如表1-3所示,李峰做了超出自己当时的角色应该做的事情:以一个"正在开车的司机"的身份,牺牲自己的安全,无视相关交通法律法规,用"超车、压制对方"的冒险做法,试图去"教训"对方,频频激起对方的怒火,才引得对方撞车和殴打自己。这一系列举动,都是"愤怒"上头后,不理性的行为导致的恶果。后来他问身边的人有没有什么方法或者渠道,可以去正确客观地认识自己、分析自己、矫正自己的"畸形"行为,说明他是一个很有反思能力的人,并且已经开始寻找解决这种问题的方案了。

表 1-3

序号	下意识思维	心理谬误	理性回应
1	开车不守规矩的人,我应该教训教训他	"应该"的暴政	开车不守规矩是很让人生气,但教训他不是我(一个正在开车的司机)应该做的事
2	这里的驾驶环境太糟糕了	评估失衡、过度概括倾向	全世界都有类似情况,只不过这次被我在这里遇到了。遇到一次,不等于每次都会遇到这种情况
3	导致不堪的后果,是我修养不够,我性格有问题	过度归责、盲目标签化	我是这次事件没处理好,违背了我"自律"的人设,但不能说我性格有问题,人无完人,孰能无过

（续）

序号	下意识思维	心理谬误	理性回应
4	这个世界太黑暗、太恶劣了	评估失衡、感性推断、随意断定	被别车了，我跟人打架了，这世界就黑暗了？肯定不是的。在很多时候，世界各处正在发生美好的事情。是一系列的后果让我感觉很糟糕，我用糟糕的情绪去看待这个世界，才会下这种夸张的结论

情绪上头，常常使人们忘记——自己才是所有后果的承担者！

解决问题而非解决情绪

1.压抑愤怒，并非长久之计

我们要解决的不是愤怒情绪，而是肆意发怒的行为。有些人认为愤怒是不好的，是洪水猛兽，愤怒会毁了自己的人际关系，会毁了自己的生活。很多人因为害怕自己的愤怒情绪，选择了隐忍，选择了压抑，这不仅会损害我们的身心健康，还可能会在怒气值集满、发酵之后，迎来更加汹涌的爆发。所以，损害我们人际关系的，并非我们的愤怒情绪，而是我们的发怒行为。

2. 愤怒情绪≠发怒行为

愤怒情绪与发怒行为之间存在着本质的区别，这种区分对于理解和有效管理愤怒至关重要。当我们说"愤怒情绪≠发怒行为"时，我们是在强调一个核心观念：愤怒本身是一种自然的情绪反应，它是我们对不满、不公或伤害等情境的一种内在感受。然而，发怒行为则是对这种情绪的外在表达，它可能采取的形式是可以改变的。

只有当我们能够正视并接纳自己的愤怒情绪，将其视为一个需要被理解和处理的信号，而非直接排斥或压抑时，我们才能真正地走向纾解之路。这种接纳并不意味着我们要放任愤怒情绪肆意蔓延，而是要学会以一种非攻击性的、建设性的方式去认识它、感受它，并寻找合适的出口。只有当我们可以允许自己产生愤怒情绪，我们才能有效地纾解它，而不是被愤怒情绪驱使，去肆意发怒。

接下来我用一个例子来帮助你理解。

在某次部门内部复盘会议中，明明该项目是另一个人负责的，但是领导唯独指名道姓地开始批评李明，那个同事还应声附和。李明又想起自己平时会帮同事分担很多工作，但这个月居然还被降薪了。这时他非常愤怒，本来平时就积攒了很多委屈和怒火，当天再也忍不了了。在会议中李明突然跳了起来，冲着在场所有人喊道"你们谁爱干谁干"，然后摔门而出，没有打卡就离开了公司，回家就提笔写了辞职信。

在这个例子中，李明的怒火显然已经积攒很久。他曾经有好多机会来处理愤怒，但都没有把握住，才让他的怒火逐渐积攒，最后集中爆发，损害自己的人际关系和职业生涯。在这个例子中，李明至少有如下几个机会。

（1）同事向他求助，让他帮忙分担工作，他本可以拒绝，但选择了人际压力比较小的"讨好"。

（2）无故被降薪，他本可以私下找领导询问意见，并提出合理的薪资期望，但他选择了人际压力比较小的"顺从"。

（3）领导出于误会骂错了人，他本可以先暂时压制怒火，给领导面子，待会议结束后再和领导私聊解释，但这次他选择不再委屈自己，选择了心理负担比较小的"爆发"。

可以看出，李明在本可以谈判的时候选择了屈从，在本需要隐忍的时候选择了爆发，最终让自己的情绪影响了自己的目标期望，最终事与愿违。

充分沟通

当你承认自己生气，这表明别人已经侵犯到了你的利益，这时你便可以使用刚刚讲到的四个情绪急救包，先让自己冷静下来。在气头上难免会做出冲动之举，这是人之常情，在顺势发怒之时保持一分清醒，也是一种修炼。而之后，当你发现自己已经消气了，便可以尝试下面的沟通方法。这些沟通方法并不能保证改变别人的做法，但是可以最大可能地让对方理解你，减少误会，提醒对方，他已经越界。

1. 把自己的感受讲清楚

对方越界或误解你，如果你不说，对方的越界行为只会越来越过分；隐忍不是美德，它常常导致关系破裂。这就好像在地铁里，别人无意踩到了你的脚，如果你不告诉对方，他有可能真的会一直踩。越界时，为了提醒对方，你可以先与对方讲清楚自己的感受。

讲述感受是有技巧的，因为我们在讲自己感受的时候，很容易变成对对方的指责。一个小技巧是，更多使用"我觉得""我感觉""我猜"，而不是"你……""你让我……"。

例如，李明面对那个把任务甩给他的同事，可以这么说："××，我最近感觉有些委屈，也有些纳闷，我猜这可能只是我想多了 / 我猜你并不是故意的。"但如果他说："××，你怎么总把活儿甩给我，你把我当工具使唤是吧？"这就反而侵犯了对方的边界。对方感到被侵犯，又会反过来进一步侵犯你，你俩陷入彼此侵犯的循环中，演变成恶性争吵。这虽然解气，但是不利于解决问题，也不利于你们日后的关系。

2.把对方越界的行为讲清楚

当你可以不越界地把自己的不爽讲清楚时，对方就可能知道他最近让你不爽了，但他又没那么清楚让你不爽的具体原因到底是什么。这个时候，将对方的越界行为清晰、具体地描述给对方，可以降低对方做出改变的门槛。

例如，李明可以说："××，我最近感觉有些委屈，也有些纳闷，我猜你并不是故意的，就是我发现你最近经常把一些任务交给我，我确实感觉到最近工作压力变大了。"

3.把建议讲清楚

别人知道自己错在哪里了，但如果不知道他要怎么做才对，他便无从下手。人无法用意念感知另一个人的意念，更感知不到你想要他做的事。那么要怎么做呢？你需要对方做什么，可以直接告诉对方，不要让别人猜。

例如，李明可以说："××，我最近感觉有些委屈，也有些纳闷儿，我猜你并不是故意的，就是我发现你最近经常把一些任务交给我，我确实感觉到最近工作压力变大了。

我希望你之后再有工作任务时，可以等我先忙完，或者至少可以跟我商量着来。"

记住，提供解决办法是愤怒方的权利，你值得对方用让你舒服的方式对待你。如果可以的话，你还可以直接表演给对方，你希望他怎么做，毕竟言传不如身教。

比如，有个女孩总是抱怨自己的男朋友嘴笨，不会夸她，自己做了一桌好吃的饭菜，男朋友只会埋头吃。他虽然会非常享受地全部吃完，但女孩依旧很恼怒，因为她很想得到男朋友的肯定。她的朋友提供了一个建议："你想得到什么夸奖，你就演示给他看，让他去模仿。"女孩没有想到还可以这样，就在下次做好饭后说："××，我希望得到这样的夸奖。'哇，这是谁呀，这么会做饭，还都是我爱吃的，你最棒了。'"男朋友听了之后表示"你早说呀，原来这么简单"，于是他主动模仿了一次，果真奏效！又在之后的几天模仿了数次，女孩心情大好！现在，男朋友已经可以毫无表演痕迹地夸奖她了，而且这是专属于这个女孩的一对一定制化夸奖。

觉察愤怒小工具

关于愤怒的识别，有一些被心理学界认可的量表和工具。这些测评工具通常包含一系列描述日常生活情境的题目，要求个体根据自己的真实感受对愤怒程度进行评分。以下是一个常见的愤怒测评方式。

在进行愤怒测评时，要注意我们是根据自己的真实感受进行评分的，尽量避免受到外界因素的干扰。测评结果也许能供参考，但我们也需要结合实际情况考虑和判断。

如表 1-4 所示，诺瓦克愤怒程度量表（Novaco Anger Scale，NAS）是由心理学家雷蒙德·诺瓦克（Raymond Novaco）开发的评估工具，用于测量个体的愤怒水平以及愤怒反应的频率、强度和持续时间。该量表旨在帮助识别个体在愤怒情境中的认知和生理反应，广泛应用于临床心理学、司法系统以及愤怒管理的研究和干预中。

表 1-4 诺瓦克愤怒程度量表

序号	内容	几乎不生气	有点恼火	有些愤怒	相当愤怒	非常愤怒	得分
1	你打开了你刚买的电脑，却发现它根本就不工作	0	1	2	3	4	
2	你被一名修理人员敲诈，他要挟你	0	1	2	3	4	
3	你被单挑出来改正错误，而其他人的行为没有被察觉	0	1	2	3	4	

（续）

序号	内容	几乎不生气	有点恼火	有些愤怒	相当愤怒	非常愤怒	得分
4	你的车陷进了泥里或雪窝里	0	1	2	3	4	
5	你正在和某人说话，而他却不理你	0	1	2	3	4	
6	有人谎称他有某种东西，而事实上他却没有	0	1	2	3	4	
7	在咖啡店，你正费力把四杯咖啡往自己的桌子前端时，有人撞到了你，咖啡溅了出来	0	1	2	3	4	
8	你已经把衣服挂好了，但是却有人把它们碰到了地上，而且没有把它们捡起来	0	1	2	3	4	
9	从你进店的那一刻起，售货员就一直在跟着你	0	1	2	3	4	
10	你已经安排好和某人一起出去，但是这个人却在最后一刻爽约了，把你一个人晾在那里	0	1	2	3	4	
11	被人开玩笑或被人奚落	0	1	2	3	4	
12	红灯了，你的车停下来，而后车驾驶员却不停冲你按喇叭	0	1	2	3	4	

（续）

序号	内容	几乎不生气	有点恼火	有些愤怒	相当愤怒	非常愤怒	得分
13	你在停车场偶然转错了弯，你刚钻出汽车，就有人冲你叫道："是在哪儿学的车？"	0	1	2	3	4	
14	有人犯了错，却拿这件错事责备你	0	1	2	3	4	
15	你正想集中精力，但是你周围的人却在用脚打拍子	0	1	2	3	4	
16	你把某本重要的书或某个重要的工具借给某人，他却不还你	0	1	2	3	4	
17	你一整天很忙，但是和你住一起的人却抱怨说，你本来答应做某件事情，可是你却忘记做了	0	1	2	3	4	
18	你想和你的同伴或同事讨论某件重要的事情，但是他却不给你机会表达你的感受	0	1	2	3	4	
19	你和某人在讨论，这个人坚持要讨论他所知甚少的话题	0	1	2	3	4	

（续）

序号	内容	几乎不生气	有点恼火	有些愤怒	相当愤怒	非常愤怒	得分
20	当你和某个人进行讨论时，另外一个人却坚持要进来插话	0	1	2	3	4	
21	你需要赶快到某个地方去，但是你面前的汽车却在40公里／小时的区域里以25公里／小时的速度往前开，你没法超车	0	1	2	3	4	
22	踩在一块嚼过的口香糖上	0	1	2	3	4	
23	当你路过一小群人时，受到了他们的嘲笑	0	1	2	3	4	
24	匆匆忙忙要去某个地方，结果你的一条很好的休闲裤被一个锋利的东西刮破了	0	1	2	3	4	
25	你用最后一枚硬币打电话，但是在你拨完之后却掉了线，而硬币也没有了	0	1	2	3	4	
合计							

测评分析

0~45分:

你几乎不会生气，周围人觉得你的脾气超级好。只有极少数的人才能在这次测验中得这么低的分，你是处事不惊的"佛系"王者。

46~55分:

你的易怒水平比较低，不太容易感到烦恼或愤怒。你个性温和、处事冷静，比一般人更能理性地面对生活中的挫折和意外，并分析、解决问题。

56~75分:

你的易怒水平在人群中处于中等。愤怒对于你而言更多的是自我保护，不顺心时，你会变得急躁，面对不公平时，你会用愤怒表达自己的不满。但你不会过度放任自己的情绪不管，在用愤怒表达自己的不满之后，你能够较快平复心情。

76~85分:

你的易怒水平较高，当遇到不满时，你会比一般人更加容易愤愤不平，这会让你更关注生活中的挫折和不顺，长期的易激怒状态会分散解决问题的心智资源，建议你试一下将愤怒情绪换一种表达方式。

86~100 分：

你的易怒水平极高，对于别人可能认为不值得生气的事情，你都会暴跳如雷。强烈的愤怒即使褪去，仍让你陷入消极情绪中饱受折磨。你还总是控制不住自己的脾气，常常头脑一发热就将满腔怒火喷了出去，这也会对你的生活和工作带来不好的影响，不妨尝试一些科学的干预方式，进行情绪管理，帮助情绪进行合理转化。

第 2 章

从容生活
焦虑情绪的化解

你可能经历过这样的情况：周日晚间看到工作群弹出新消息，还没点开就感到呼吸急促；浏览到房贷利率上涨的新闻时，手指无意识地把手机捏得更紧；躺下准备睡觉时，突然想起第二天要交的报告还没修改，困意瞬间消失。这些反应看似各不相同，其实都指向同一种情绪——焦虑。

焦虑普遍存在于人们的生活中。它可能表现为修改简历时反复删除又重写，辅导孩子功课时突然提高嗓门，或是网购时反复对比价格整整半小时。有人会因为忘记是否锁门而折返检查三次，也有人明明收到聚会邀请，却因为担心冷场而谎称加班。这些看似"没必要"的紧张感，实际上已经成为现代人最熟悉的生活底色。

这一章，我将用具体案例和科学解释，带你重新认识焦虑这种常见的情绪。我们会探讨：为什么人类在安全的环境里依然会焦虑？身体的哪些器官在参与焦虑反应？那些试图缓解焦虑的行为，为什么有时反而加重了症状？理解焦虑的运作规律，或许能帮助我们找到更有效的应对方式。

焦虑是什么

焦虑是当代人日常沟通中的高频词，生活中我们处处被焦虑击中。然而，我们对焦虑的理解可能不够深入。和愤怒情绪类似，"识别焦虑"是做好焦虑管理的第一步。如果不能准确地识别焦虑，就不能很好地疏通它、转化它，这可能会影响到我们的生活。

让我们来好好拆解下焦虑。如图 2-1 所示，焦虑也分为初级情绪和升级情绪：初级情绪分为担忧和不安；升级情绪分为害怕和恐惧。

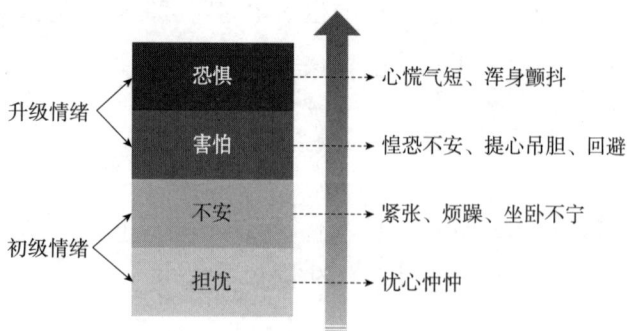

图 2-1 焦虑长什么样

　　焦虑是一系列不舒服的身体感觉，并伴随着一个认知：可怕的事情即将发生。焦虑总是指向未来，担心不好的结果和意外马上就要发生。受到焦虑情绪的驱使，人们往往会无意识地做出不受控的行为，有时在做完之后才会追悔莫及。那么具体来讲，当处于焦虑情绪中时，我们的身体、认知、行为都会有什么样的表现呢？

焦虑的表现

想法满溢

- **担心一切**：担心家庭、健康、职业生涯、财务状况，感到总有不好的事情要发生，但又说不出问题具体在哪里。
- **害怕物体**：害怕针管、输液、血液、水、蜘蛛、蛇、狗、老鼠、蟑螂、巨物、密集的东西。
- **害怕场所**：害怕高处、电梯飞机、游泳馆、医院、桥、密闭空间、车、深渊、开阔的广场。
- **担心表现不好**：担心考试、面试、当众表演、当众演讲、体育竞技比赛、晋升答辩、涨薪谈判时的表现。
- **担心惊恐发作**：短时间内突然头晕目眩、心跳加快、手指刺痛、呼吸不畅，担心自己心脏病发作，担心会窒息而亡，担心这种突如其来的感觉会再次到来。

- **担心长相和体形**：觉得自己外表有奇怪或不正常的地方，觉得自己太胖，虽然家人和朋友都说你看起来很好，但你仍然为此耗费精力；觉得自己鼻子变形了，头发变少了，发际线变高了。

- **担心身体健康**：你很确信自己已经患上了某种可怕的疾病，去医院并没有查出什么问题，医生也诊断你没有什么问题。你听后可能会轻松几天，但不久后就又开始担心其他身体症状。

躯体不适

- **躯体感受**：胃部翻腾、胸部发闷、脖颈牵拉感、咽喉部灼烧感、腰后侧酸麻感、头痛、窒息感、眩晕、头重脚轻、失去平衡、麻木针刺感。

- **躯体表现**：四肢僵硬、双手发抖、声音震颤、说话结巴、恶心干呕、心慌气短、心跳剧烈、手心出汗、面部表情僵硬、哆嗦颤抖、呼吸困难。

- **躯体症状**：拉肚子、免疫力下降、频繁感冒、食欲不振或暴饮暴食、耳鸣、失眠或入睡困难、早醒。

不受控的行为

你总是被焦虑情绪无意识地驱动，去做一些你本不想做的事情，例如以下这些。

1. 购买能带来安慰作用的产品或服务

- 你会花大量时间咨询整形外科医生或总是照镜子，买非常多的化妆品和医美产品，因为你担心自己很丑，会被别人看不起，会被别人拒绝。

- 你会不受控制地反复求医，因为你坚信自己患上了某种罕见的疾病；虽然你有时也会觉得自己可能并没有大问题，但你还是控制不住地要去看医生。

- 你总是会买很多养生产品和保健品，因为你担心自己的身体健康即将要恶化，不久就会患上严重的慢性病。虽然你也知道自己并非身体不好，但你还是无法控制自己的行为。

- 你购买了很多知识付费课程，付费加入很多社群，收藏夹中塞满了各种公开课、干货集锦，因为你觉得自己如果不上进，就会被时代淘汰，没有人会看得起你。

2. 驱动行为

- 在感到焦虑的时候，反复给家人打电话，确认他们是否安全。
- 工作中或家中的完美主义行为，比如反复打扫卫生，或者反复整理物品。
- 外出时，随身携带手机、水或药物。
- 携带自卫的物品，如棍棒。
- 不能离开朋友或配偶的陪伴。
- 准备好让自己感到安心或者开心的阅读材料。

3. 转移注意力

- 你难以忍受内心中非常烦乱的思绪，于是去玩电子游戏、刷短视频、浏览网页，让自己忙起来，不断地寻求即时刺激来让自己获得一时的解脱和平静。大多时候，你明明感觉再这样刷短视频、玩游戏会毁了自己，但还是控制不住地躲入这些活动中，来让自己暂时感觉好些。有时你明明觉得很晚了，该睡觉了，但还是忍不住不停地刷短视频，导致睡眠拖延。

4. 临阵脱逃

- 你总是推掉一些聚会，或者在聚会前的一两天借故推辞，你知道自己想要融入朋友，但那个场景让你感到尴尬、难堪。

- 你觉得自己的工作付出与自己的薪资不匹配，想和老板谈加薪，但你每次都在话说出口前说"算了吧"。
- 你明知道自己的身体状况必须要去医院看病了，但你因为害怕查出重大疾病，迟迟没有预约挂号。
- 你在要发表重要演讲前装病；你不确定自己心仪的异性为什么对自己忽冷忽热，你想与他展开一场有挑战的沟通，但迟迟没有张口。
- 因为感到焦虑或者恐惧，你离开剧场或其他拥挤的地方。

焦虑的评估

1. 焦虑思维自测

- 我找不到什么有趣的话题。
- 这些人和我不是一类。
- 他们肯定不喜欢我。
- 他们会认为我很乏味、无趣。

- 现在我是这里唯一感到不自然的人。
- 如果有人知道我的情绪感受的话，会觉得我很脆弱、事儿多、小心眼儿。
- 每个人都能看出我是多么紧张。
- 我不应该那么紧张，我应该放松一点儿。
- 我到底是怎么了？我一定是个很怪的人。
- 赶快想点什么话题，不然别人就会讨厌我。
- 怎么冷场了，我不能让场子冷下来，否则大家都会怪我嘴笨。
- 我应该总是感到快乐、自信和自主。
- 大家的想法都差不多，如果有人看不起我，这种情况就会像毒气一样扩散，不久之后大家都会看不起我。
- 如果我不能表现得成熟老练、机智且充满趣味，他们就会不喜欢我。
- 如果我足够担忧生活中的一切，那么每件事情将不会再出问题。

2. 焦虑躯体症状自测

如表 2-1 所示，根据你每天的感觉情况，记录每项所得分数（0= 无；1= 轻微；2= 中度；3= 严重；4= 极严重），写在框中。

表 2-1

感觉	天数						
	第一天	第二天	第三天	第四天	第五天	第六天	第七天
眩晕、头重脚轻或失去平衡感							
心律失常、心跳过速							
气短、呼吸困难、有窒息感							
脖颈有牵拉感、刺痛感							
胸部疼痛或紧绷感							
欲呕吐、恶心、胃部翻腾							
出汗、面部潮红							
哆嗦、发抖、颤抖							
全身各处有针刺麻木感							
对周围世界的不真实感							
总分							

注：此表无法提供求医建议，仅供监控改善状况使用。你可以利用此表，观察自己的焦虑分数是否随着阅读过程有波动下降的趋势。

3. 焦虑水平自测

总体焦虑水平与损害程度量表（Overall Anxiety Severity and Impairment Scale，OASIS）是一种简短的自我报告量表，用于评估个体在过去一周内的焦虑症状严重程度以及由焦虑引起的功能损害。OASIS 由诺埃尔·A. 史密斯（Noelle A. Smith）等人于 2007 年开发，设计初衷是为了提供一个快速、简便的工具，来测量焦虑。

（1）在过去的一周里，你感觉到焦虑的频率：

- 0=过去一周没有焦虑。
- 1=很少：偶尔感觉焦虑。
- 2=有时：一半时间感觉焦虑，难以放松。
- 3=经常：大多数时间感觉焦虑，很难放松。
- 4=总是：所有时间都感觉焦虑，从未真正放松。

（2）在过去的一周里，当你感觉焦虑时，你的焦虑有多强烈或多严重？

- 0=极少或没有：没有焦虑或几乎不明显。
- 1=轻度：焦虑水平低。当我感觉疲劳的时候，是可以放松下来的。生理症状只是令我轻微不适。
- 2=中度：有时焦虑令人痛苦。我难以放松或集中注意力，但如果努力的话仍能做到。生理症状令人不适。
- 3=重度：大部分时间焦虑都很强烈。我很难放松或把注意力放在其他事情上。生理症状让人极度不适。

- 4=极度：被焦虑淹没。基本上不可能放松。生理症状令我无法忍受。

（3）在过去的一周里，你因为焦虑或害怕而回避情境、地点、事物或活动的频率。

- 0=没有：我并没有因为害怕而回避地点、情境、活动或事物。
- 1=很少：我偶尔回避一些东西，但通常会去面对那些情境或事物。我的生活方式没有受到影响。
- 2=有时：我有些害怕某些情境、地点或事物，但还能处理。我的生活方式只在少数方面有所改变。当我独自一人的时候，我总是或几乎总是回避自己害怕的东西，但如果有人陪伴，我就能处理了。
- 3=经常：我的害怕程度相当严重，并且真的在尽力回避使我害怕的东西。为了回避这些事物、情境、活动或地点，我已经对自己的生活方式做出了重大改变。
- 4=总是：回避某些事物、情境、活动或地点已经占据了我的生活。我的生活方式受到广泛影响，我不再去做那些曾经让我乐在其中的事情了。

（4）在过去的一周里，你的焦虑多大程度上干扰了你在工作、学校或家庭里需要完成的事情？

- 0=没有：焦虑没有干扰我的工作、家庭或学校生活。

- 1=轻度：焦虑对我的工作、家庭或学校生活造成了一些干扰。做事情变得更困难，但一切需要做的仍能完成。
- 2=中度：焦虑确实干扰了任务的完成。大部分事情仍能完成，但不能做得像往常一样好。
- 3=重度：焦虑真的改变了我完成任务的能力。有些任务仍能完成，但很多无法完成。毫无疑问，我的表现受到了影响。
- 4=极度：焦虑使我不能胜任。我无法完成学业和工作任务。我不得不辍学、辞职，或可能被解雇，无法履行家庭责任，常需要面临催账、租房被收回等问题。

（5）在过去的一周里，焦虑多大程度上干扰了你的社交生活和人际关系？

- 0=没有：焦虑没有影响我的人际关系。
- 1=轻度：焦虑轻微干扰了我的人际关系。我与一些朋友及其他人的关系受到了影响，但总体上，我的社交生活仍旧令人满意。
- 2=中度：我的社交生活受到了一些干扰，但我仍能有一些亲密的人际关系。我没有花像往常一样多的时间与别人相处，但我有时间去交际。
- 3=重度：焦虑使我与朋友及其他人的关系受到了很大影响。我不喜欢社交活动，也很少交际。
- 4=极度：焦虑使我的社交活动完全陷入混乱。我所有的人际关系都受到了影响，有些甚至结束了。我的家庭生活极度紧张。

总分 : _____

如图 2-2 所示，你可以每周监测自己的焦虑水平与功能损害程度。跟随书本内容进行记录，你便可以清晰地看到自己的进展。但要注意，焦虑水平与功能损害程度受很多因素控制，你的焦虑水平也许不会线性下降，在这个过程中，波动和反复是很常见的。

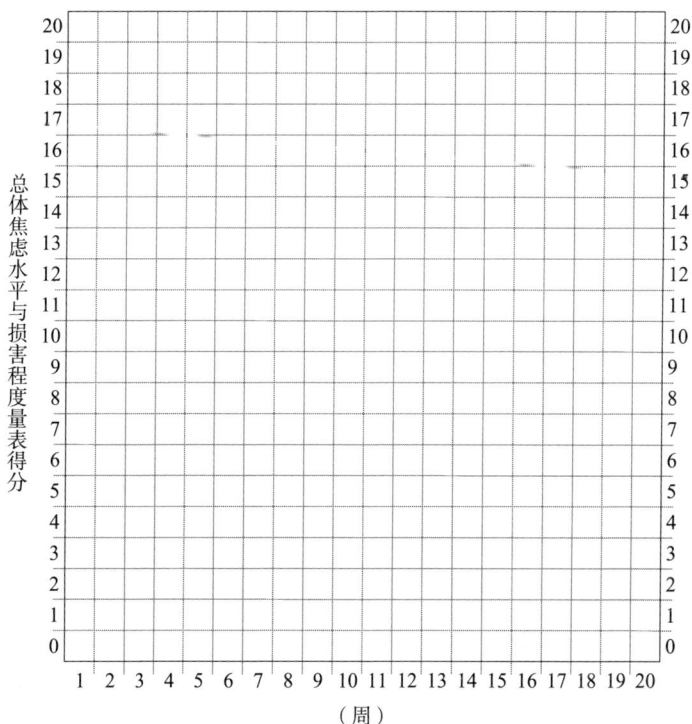

图 2-2　焦虑水平与功能损害程度记录图

焦虑的功能与价值

假如奇迹发生，所有人的焦虑突然间消失了，我们的生活会发生什么变化？

精神分析学家梅兰妮·克莱因曾说，焦虑是人类发展的基本动力。没有焦虑，人类文明将不复存在。既然焦虑带来了很多不舒服的感受、不想要的想法，驱使我们做出很多后悔的行为，那它为什么会依然存在于我们每个人的身上？换句话说，如果焦虑有百害而无一利，人类祖先进化时，为什么会把焦虑继承下来呢？

1. 焦虑让我们生存

穴居人隐喻：

在远古时期，我们的祖先生存于一个危机四伏的环境中。牙齿锋利、身形矫健的野兽在暗中虎视眈眈，我们的祖先随时会变成他们的盘中餐。所以那个时候，祖先的大脑必须时刻对危险保持警惕，如果没有这个能力，祖先可能很快就会面临死亡。焦虑就是我们从祖先那里继承来的东西。我们现代人的头脑就这样被设计成了一个"小心有危险"的报警机器。它总是在任何可能受到伤害的情境下向你发出警报：你会变胖、你会考砸、你会被拒绝、你会被裁、你会没人爱。这都很正常，每个人的头脑都会这么做，这就是我们的大脑在努力完成的首要任务：保护我们，让我们生存下去！

穴居人玩手机隐喻：

在远古时期，人想要生存下去，就必须要归属于某个群体。如果一个人被群体驱逐出去，很快就会被野兽吃掉。我们的大脑如何应对这种情况呢？大脑会不断地评估自己是否仍被群体接纳：我能融入吗？我做得对吗？我表现得足够好吗？我是否做了一些会被排斥的事情？大脑会将自己与其他人做比较，以避免成为群体中的末位。这在远古时代是很有适应性的。但是现在，我们不是生活在部落中了，我们的生活也早已被互联网打通。我们可以通过社交媒体看到世界各地的所有个体，包括有钱的、有名的、漂亮的、身材好的，以及电影明星、顶级运动员，等等。但是我们的大脑仍然保留了过去爱比较的习惯，会拿自己跟这些人比较。这样比较的结果就是，我们被各种版本的"我要更快、更好、更强"的故事所包围。

2. 焦虑让我们表现良好

职业演员和音乐家在走上舞台、面对观众之前普遍会感受到表演焦虑。这可以被有效地用到表演中。许多表演者不会把这种内心体验表述为焦虑,而认为这是"激动""兴奋调动"。

心理学中有一个著名的理论:耶克斯－多德森定律。如图 2-3 所示,观察图中曲线后不难发现:中等程度的焦虑会带来最高的工作效率;焦虑水平过低可能会导致我们无法调动全部的注意力来应对当前的任务;焦虑过度会让情绪将我们压垮,在任务中瘫痪或崩溃。另外,当一个任务十分困难时,我们如果保持较低的焦虑,反而会做得更好;当面对简单的任务时,我们反而需要更焦虑一些。

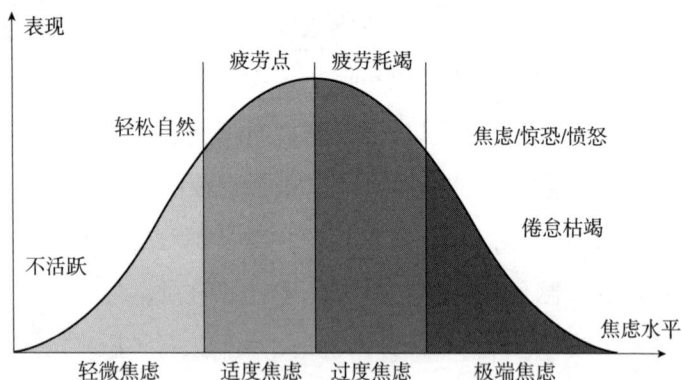

图 2-3 耶克斯－多德森定律

焦虑让我们能更好地生存,更好地表现,更好地完成任务。看来,成为问题的并非焦虑本身。那么是什么让焦虑成为困扰的呢?

焦虑变成困扰的原因

1.刻舟求剑式的认知模式——焦虑九大"帮手"

一些居安思危的想法让我们的祖先成功地生存了下来，但有些过度的信念在现代社会并不再适用，但它们仍保留了下来，而这对保持健康、考上大学、融入集体、找到工作、升职加薪是无效的，也引发了我们的痛苦。这像不像是刻舟求剑的故事？这些过去适用、现在不适用的想法有以下这些。

（1）**高估可能性**：你认为糟糕的事情几乎是百分之百会发生的，如我肯定要出丑，生活一定会陷入贫困。

（2）**高估严重性**：那会要了我的命，我会崩溃掉，如果被别人嘲笑我就会成为孤家寡人。

（3）**完美主义**：我永远不能失败或犯错。

（4）**强大超人**：如果我有不完美的地方或表现出脆弱，人们就不会再爱我或者接受我。

（5）**掌控超人**：我应该总是感到自信从容、掌控一切、独立自主；我不应该焦虑，我的生活本就应该事事顺意，一切尽在掌控。

（6）**情感超人**：我不应该感到焦虑、脆弱、无助，我应该尽一切可能消除它们，并且不能让任何人知道。

（7）**滚雪球推理**：如果有一个人看不起我，过几天就会有很多人看不起我，之后人人都会看不起我，所有人都不会和我玩，那我会孤独终老，没有好结局。

（8）**社交超人**：如果我在一群人中不能给他们留下待人接物成熟老练、充满智慧、轻松有趣的印象，他们就会看不起我；如果我被别人看不起，就证明我有问题，我必然会孤身一人；如果我在社交中出了任何岔子，所有人都会排斥我，觉得我情商低，最后我会孤苦伶仃。

（9）**居安思危**：如果我对每件事都保持足够的担忧，那么每件事情都不会再出任何问题。

识别焦虑九大"帮手"

案例　幸福却不安的张勇

张勇是一名销售经理，他因为职业焦虑寻求心理咨询。张勇在一家企业做到了中层，积累了很多客户资源，领导也很器重他，但他依然觉得自己情商不够高，销售技巧有待提高，担心客户某天可能会放弃合作，他也会失去领导的赏识。他对这个可怕的未来感到焦虑，惶惶不可终日。

据了解，张勇当年凭借自己的努力专升本"上岸"
国内知名"双一流"高校，他和妻子相伴十余年，
并育有一儿一女，生活安稳幸福。随着咨询的进
行，张勇逐渐对自己的内耗感到疑惑："我明明
家庭美满、工作顺利、能力出众，但我为什么还
这么焦虑呢？"张勇提到自己总有种"天快要塌
下来的感觉"，或者是"自己掉落悬崖，坠入深
渊中"。

　　某次咨询中，张勇回忆起自己坎坷的童年经
历：两岁父亲病逝，母亲改嫁，从小被叔叔和婶
婶带大。叔叔婶婶家中经济拮据，后来开了一家
原料加工厂，经济状况逐渐好转。可是两年后叔
叔便罹患癌症去世，家中再次开始走下坡路，婶
婶不得不出远门打零工维持生计。之前，张勇感
到叔叔婶婶对自己照顾有加，但是当叔叔婶婶生
了个女儿后，他们开始宠爱自己的孩子，对自己
逐渐忽视，有时还会把气撒到自己身上。张勇说，
生活就像是在跟自己开玩笑，刚开始感到稳定，
自己就被扔给叔叔婶婶了；刚开始感到被爱，妹
妹就出生了；家里的经济状况刚刚开始有起色，
叔叔这个顶梁柱就病逝了。这让他不得不居安思
危，他总觉得马上会有不好的事情发生，他总觉

得幸福安逸的生活是虚幻的。

张勇坎坷的童年让他的很多观点一直持续到成年后，比如"生活马上就要急转直下，陷入贫困与无助""美好的生活是虚幻的，我终究只能靠自己""我只有自己强大了，才能抵御难以预料的变化和风险"。这些观点曾经带给他力量，促使他奋进，他也成功创造了自己的经济"护城河"。然而这些观念在当下不再适用，并且带给了他烦恼，让他在稳定的当下也不能安然地享受自己的成果。过去很有帮助的想法，放到现在可能会给我们的人生帮倒忙，这是焦虑成为困扰的原因。大家可以想想，你又有哪些观念是持续存在的呢？在张勇这个案例中，你能识别出出现了哪几个焦虑"帮手"吗？下文提供了更多案例，你可以作为练习来使用。

答案：1、2、3、4、7、9。

案例　不想引起关注的小玲

在新冠疫情期间，很多学校都采用线上教学形式。朋友的女儿小玲即将参加高考，但新冠疫情期间基本都是线上教学，某科老师非常喜欢她这个"学霸"，所以几乎每堂课都要提问她，这让她感觉很焦虑，不是因为回答不上来老师的提问，而是她不想老师这么"关注她"。甚至后来到校上课，她常常会找理由请假，不愿面对那科的老师。小玲学习成绩一直很好，但这种状态影响了她的整体成绩，她就更不愿意受到老师关注，形成了一个恶性循环，有时候还会突然大哭，有时会暴饮暴食，导致体重也有所增加。朋友也不敢跟老师聊，生怕老师会有负面的情绪，影响孩子在老师心中的地位，或者排斥她的孩子。这导致家长也为这件事跟着一起焦虑。

答案：1、7。

案例　完美的小李

小李是一名执业律师助理，入职两年。她每天需要处理大量的法律文件、案件，与客户沟通。她拥有一个不错的职位，带她的律师对她也很有耐心、很和气，但由于她总是以高标准来衡量自己，因此她从来都没有放松过对自己的要求。在她的工作中，即便是小小的延误或是细节上的小失误，都会让她感到非常焦虑，并且她经常会反复检查这些细节，以确保一切都是正确的。这种压力逐渐让她感到身心疲惫，她失眠、咬指甲，有时候还会喝酒来缓解自己的压力，对自己的能力产生怀疑成为她的常态。

答案：3、4、5。

案例　总担心忘了锁门的男人

一个男性朋友总是会反复确认是否锁了家门，甚至经常已经走远了，还是会跑回家再次检查一遍，所以聚会的时候这个朋友会经常迟到，而且理由都是好像忘了锁门，所以又回家确认了一下。

这种锁门、锁车的焦虑很多人都有，其实车门已经锁好了，但是走了几步或者别人问他一句"你锁车了吗？"他就不淡定了，就会反复琢磨他到底锁车了没有。如果离车距离近的话，他一定是会跑回去再确认一下的。其实车里没有什么贵重物品，就是担心车会被盗，以及被盗之后的种种麻烦之事，想想就觉得害怕，然后就一定要确认到底有没有锁好车门。如果他无法马上确认车子是否锁好，那么这一天他就会不断地想起，然后想象各种可能性，人就会很心不在焉，直到他能够确认车门确实锁了，整个人才能放松下来。

答案：1、7。

2. 焦虑蓄水池容量不足

人类面对环境所带来的压力时，会不同程度地感到焦虑。然而有些人的焦虑情绪天生就比别人多，他们会比周围人更敏感，在情绪来临时感觉更明显，恢复到平静状态所需要的时间也会更长。这其中存在一些生理因素，比如遗传，比如大脑结构，比如体内激素水平。然而这些因素统统不可控，很难在后天改变。还有一些心理学因素，而这些是我们在后天可以改变的。

有一个重要的能力叫作情绪耐受性，也就是当剧烈的情绪暴风雨来临时，我们在多大程度上可以涵容这些情绪，而不至于被这些情绪压垮，接着做出一些不受控的行为。在这里，焦虑像水，情绪耐受性就像是蓄水池。当一个人被焦虑所困，他可能并非焦虑太多，而是耐受性不足。当然，在心理学中，有很多方法可以帮助我们在后天给自己的蓄水池扩容。这个在后面的应对策略部分会详细介绍。

3. 回避引起的习惯化失败

回避包括回避令自己焦虑的场景，也包括回避焦虑的负面情绪。"逃避虽然可耻但是有用"，这里的有用是短期的。短期来看，逃避某些焦虑情景给我们带来了片刻的解脱感，短时间内让我们松了口气；长期来看，那些注定要面对的情景我们一直没有去面对，要解决的问题实际上并没有得到解决。而更关键的是，一次次短期的逃避，我们的大脑尝到回避的甜头后，就会更加想要回避，由此陷入恶性循环。还有一个恶性循环是，一次次回避某个场景，我们就一直无法积累该领域的相关经验，无法体会到微小的胜任感。而当暴露次数增加，面对某个场景的经验越来越丰富，我们的焦虑水平也会逐渐降低。

几乎所有人在公众讲话时都会体会到不同程度的焦虑情绪，但是有些人可以带着焦虑演讲，有的人认为焦虑过于难受，于是主动回避公众演讲。

案例　回避汇报的小泉

小泉是会在公众演讲前非常焦虑的那一类人，他会感觉到胸闷气短、手心出汗、声音颤抖，这种感觉特别不好受。他也会想象如果当众忘词，或者讲得不够有趣，观众们会低头玩手机，并且嘲笑他。于是每次领导让他代表部门汇报进度时，他都会借故说自己最近几天身体不适，并推荐部门的另外一名同事，夸同事口才好，也能够胜任这个任务。

从短期来看，小泉采取临阵脱逃的方式，瞬间得到了解脱，他不用再面对焦虑的感受和想法了；但从长期来看，自己的临阵脱逃得到了奖励，他会越来越依赖临阵脱逃来应对压力。本来他的演讲能力和演讲技术会在每次的小型演讲中得到锻炼，自己也会越来越游刃有余，焦虑水平会随着一次次的演讲慢慢下降，但是他错过了这个机会。之后在某次关键的述职汇报时，他因为很久没有汇报，对在公众面前讲话很生疏，因此结结巴巴，险些没有在规定时间内讲完。

4.僵化的注意力调动

当人们陷入焦虑情绪中，会有一个有趣的反应，就是注意力的范围会缩窄。想象一下，假如你在草丛中突然发现某块草皮在动，"有蛇！"你这样想着，并且很自然地把全部的注意力都放在那里，你紧紧盯着那里，同时全身做好准备，随时可以逃跑。焦虑可以调动我们的注意力，放在眼前的事情上，然而在有些时候，焦虑的这个功能也会帮倒忙。在生活中，我们的焦虑源可能并非蛇这种非常具体的东西，可能是未来的方向、职业规划、年底业绩报告这样的事情，它们既不具体，也不能在短时间内被解决，但焦虑的情绪依然会让我们的注意力缩窄，它也会切断我们和周围人的互动和联结，让我们在关键的场合表现不佳或错失良机。

好在，心理学中也有一些方法，可以让我们培养和训练对注意力的掌控，降低焦虑情绪对我们注意力的影响。

焦虑的应对

"如果-怎样"技术：挖掘你的无意识焦虑点

这项技术能帮助人们确认那些放大焦虑的无意识信念和幻想。

案例　不敢要女生微信的李明

李明从未谈过恋爱，他非常想要建立一段稳定健康的亲密关系，但是在搭话这个环节就卡住了。有次他在旁听课程时遇到了一个他很欣赏的女生，纠结很久还是放弃了。

咨询师：当时你的头脑中想到了什么，让你最后没有问她要微信？

李明：我想到她会拒绝我，跟我说她对我不感兴趣。

咨询师：让我们设想一下，如果你问她要微信，她也的确拒绝了你，那会怎样？

李明：我会很没有面子，而且我怕别人听见了我们的对话。

咨询师：好，我们再假设，假如真的有其他人听见了，那会有什么结果？

李明：我想象，这件事会在同学之间传开——有个叫李明的男生，很突然地跑去要×××的微信。我的风评就变坏了。

咨询师：这对你来说又意味着什么呢？

李明：意味着什么？意味着同学们都会知道我很唐突，我会被"挂"在学校匿名网站上，所有人见了我以后都要避而远之。

咨询师：然后会发生什么？你最害怕发生什么？

李明：最后连朋友都没人愿意和我做，我就要孤独终老了，搞不好还要被学院公开处分。

李明想象自己孤零零地读完大学，并且学院还给他处分，起因仅仅是他想加这个女生的微信。咨询师温和地看着李明，不言而喻，李明也意识到自己的焦虑是多么荒谬了，他也放松地会心一笑，跟咨询师说，"原来我背后的信念是这么荒诞啊，但在那个当下，我完完全全被自己头脑里的不健康想象吓到了"。

情绪记录工具：SRC记录表

为了能够更好地理解情绪，觉察情绪对我们的影响，
接下来要给大家介绍一种实用的情绪记录工具：SRC 记
录表（见表 2-2）。这是一种帮助我们了解自己情绪和认
知的工具，它可以让我们更清楚地认识到自己的情绪是
由什么触发的，以及我们的想法对情绪的影响。S（英文
Stimulation 的首字母）代表刺激，R（英文 Reaction 的
首字母）代表反应，C（英文 Consequence 的首字母）代
表结果。

表 2-2　SRC 记录表

		S 刺激	**R** 反应	**C** 结果

日期 / 时间	情境、诱因 S 外 / S 内	思维	感受	行为	随后发生了什么 短期 / 长期

（1）**S 代表刺激**：情绪有时看起来是无缘无故产生的，
但实际上每种情绪体验都是由一些事件或情境引发的刺

激。可以进一步划分为 S 外和 S 内，S 外是来自外部的刺激事件，S 内是我们有时只是单纯回忆起什么，也足够唤起我们的焦虑了。

（2）**R 代表反应**：我们是如何对这一事件反应的，包括我们头脑当中在想什么，我们的身体感受到了什么，我们做出了什么行为。

（3）**C 代表结果**：我们的生活是被自己的行为一步步塑造的，选择了怎样去行动，就会产生什么样的结果。结果分为短期结果和长期结果。

刚刚李明的案例，可以帮助你更好地理解和运用 SRC 表：

S：首先我们来看看在一开始，李明遇到了什么刺激。这个刺激事件很简单，就是李明在教室看到了这个女生，这是一个 S 外。

R：我们分别从想法、感受和行为来分析李明的反应。想法方面，李明想到了很多，他想"这个女生会拒绝我""这会证明我是个唐突的人""所有人见了我以后都要避而远之""我必然会失败"；感受方面，李明可能会感到双手发抖、喉咙发紧，胸口可能会有闷热感，这些感受都让李明难以忍受，想要赶紧逃离现场，或者按兵不动；行为方面，李明坐在座位上没有动弹，也没有要女生微信。

C：结果分为短期结果和长期结果。短期来看，李明没有要女生微信，他瞬间感到松了口气，自己不舒服的感觉消失了，也不再有关于女生拒绝自己的胡乱想法了；长期来看，李明的社交圈和人际圈会缩窄，这压缩了他丰盈的人生体验，并且让他离自己的目标——建立一段稳定健康的亲密关系——越来越远。

在日常生活中，我们只要稍加练习，就可以快速提高我们对情绪的觉察能力，提高生活掌控感。表2-2是一个辅助练习的工作表，如果你觉得纸质版不方便，也可以自行创建一个电子文档来记录。

情绪扩容技术：增加你对焦虑的耐受

1. 步骤一：感受定位

很多人在感到焦虑时，都会有不同程度的身体感受，有时这些身体感受过于强烈，让我们急于去回避它们，试图立即消除它们。我们越是急于去回避这些感受，这些感受就会在下一次卷土重来，并且更为强烈。想要提高对焦虑情绪的耐受，我们首先要去体会焦虑情绪在哪里，它让我们的哪个身体部位感觉最明显，它的圆心在哪里，半径如何？如果是长长的条状物，它的轮廓是怎样的？有时候这些感觉会非常强烈，有时可能需要指导语来帮助我们去感受。

指导语：

现在你可能感受到身体非常不舒服，接下来，花点儿时间，带着好奇与探索的态度，就像你看到了一件完全没见过的新玩意，它正在给你的身体带来感觉。可能在你的头部，可能在你的咽喉、嗓子，可能像是有一根皮带在牵拉着；可能在你的胸腔，胸腔闷闷的，像有一块大石头压着；可能在你的胃部，你感觉胃部好像打了结，或者是火辣辣地灼烧；可能在你的心脏，心脏怦怦直跳，像是有股混浊的空气在这里淤积。或者，是其他身体部位。试着去观察一下，这个部位在哪里？它的圆心在哪里，半径呢？它不舒服的范围有多大？如果要你描绘出一个轮廓，它的形状会是什么样子？它是 3D 的，还是 2D 的？它在你的身体里面，还是身体外面？它在你身体里多深的地方？带着好奇去观察，它的中心和边缘有何不同？它的内部有任何脉动和震动吗？它是轻的还是重的？是活动的还是静止的？它的温度如何？

2.步骤二：命名

当你可以清晰地感受到焦虑情绪的位置、大小、形状和轮廓后，你就可以给它起个名字了，当然你可以叫它"焦虑"，也可以根据你的喜好来称呼它，比如"啊哈""又来了""worry"……

指导语：

花点儿时间命名这种感受。你想如何称呼它？好的，默默地对自己说，我注意到一种感受，它叫作××。愿意的话，你可以和××对话，跟它说，×× 你又来啦，欢迎你！

3.步骤三：接纳而非忍受

如果你一边跟它说"×× 你又来了，欢迎你"，一边在内心里希望它快快离开，是它打扰了你的幸福生活，那此时你面对焦虑情绪时的态度就是忍受，而非接纳。接纳和忍受看起来只有一念之差，但它们还是有很大差别的。

假设你的一个好朋友周五晚上突然从外地造访，没有提前跟你讲，而你双休日两天还要居家做很多未完成的工作，这时你对待朋友会有两种方式：忍受和接纳。忍受的时候你会对朋友做些什么呢？你非常勉强地把他带到家里，心里想着怎么赶快把他送走，他到底什么时候走。那接纳呢？你识别出这是你朋友，然后热情地把他邀请进门，给他端茶倒水，给他零食让他吃，收拾床铺，他走的时候你还恋恋不舍，想让他多待会儿。你可以允许朋友在你家想待多久待多久，他在家，你仍然可以忙工作。把这个朋友换成是你的焦虑情绪，你就可以理解什么是忍受，什么是接纳了。

指导语：

当你注意到这种感受时，试着将呼吸带入它，感受新鲜的空气进入这里，浑浊的空气离开这里，想想你的呼吸流入其中，并且围绕着它，将呼吸带入并围绕着它。你可能会感到强烈的冲动，想要与之战斗或把它赶走。如果是这样，只需要承认这种冲动，不要采取行动。

认知脱钩技术：不被认知牵着走

（1）**我现在有这样一个想法**：在自己认为是千真万确的事实前加一句，"我现在有这样一个想法"，比如，我现在有这样一个想法，"坏事将要发生"。

（2）**默唱技术**：现在在你的脑海里，用"祝你生日快乐"的调子来默唱你的想法，比如"坏事将要发生"。

（3）**拖长调技术**：现在在你的脑海里，用漫长拖拉的语调重复你的想法，比如"坏——事——将——要——发——生——"。

（4）**起小名技术**：如果某个想法经常反复出现在你的

头脑中，可以尝试给这个想法起个小名，比如"啊哈"，每次当你意识到自己正在思考这个画面时，可以叫它的名字，"啊哈，你又来了"。

（5）**创造性无望**：你这么预测未来，有可能对，有可能错，可问题的关键是，你这样想有没有效果？这会让你把手头的工作完成吗？这会让你恢复身体健康吗？这会让你过上正常的生活吗？

目标管理法

1. 识别有效焦虑和无效焦虑

什么是有效焦虑呢？就是焦虑你确实应该产生一定焦虑的事情，比如说，明天你要上台演讲，这时焦虑感是有效的，并且有效地应对它的方法，就是多练习几遍演讲词，准备好明天要使用的资料和设备，以保证演讲的顺利进行。

什么是无效焦虑呢？就是焦虑当下你没必要产生焦虑的事情，甚至是过度焦虑。比如说，你担心你3岁的孩子长大后是否能独立应对社会，是否能处理好复杂的人际关系。这就叫无效焦虑，你需要用在本书中学过的内容，识别焦虑九大"帮手"，帮你找出你认知里的"捣蛋分子"，以制止你杞人忧天的心态。

2.为有效焦虑设定目标——越具体，越不焦虑

我们知道了当焦虑出现时，首先要识别它是有效还是无效的，如果它是有效的，那就很好办了，用"目标管理法"就能很好地应对它，大家记住一句话，叫"越具体，越不焦虑"。

你要为你的焦虑设定一个目标，比如一个月后面临期末考试，你因为知识点掌握得不够而焦虑不安，吃不香，睡不着，但这时你的注意力应该放在为复习设定具体的目标上来，比如说，设定目标：期末英语考试得 90 分。那就要把能够帮助你考到 90 分的关键行动步骤列出来，比如：①通读一遍教材；②精读两遍教材；③记住 1000 个高频单词；④过去五年的真题刷两遍。通过这样的拆解，你就知道下一步要做什么了，然后再根据剩余的时间倒推，你每天要做哪些事，一下子就清晰、具体了起来，剩下的就是执行、执行、再执行了。当你能完成你行动计划的 80% 以上，基本上可以说，你期末英语考 90 分的可能性很大。大家看，这就是应对有效焦虑最好的方法——目标管理法。

☺

第 3 章
从挫败中收获复原力
挫败情绪的应对

如果作家要写一本小说，那么他最钟爱的应该不是描绘人物如何跌落，而是他们如何升起。同样，人生的旅途不可能一帆风顺，我们难免会遭遇挫败与低谷。挫败，这个听起来略带沉重却又普遍存在的情绪体验，总让我们联想到一些沮丧无助的记忆。但也请记得，我们从失败中站起来的样子，是治愈这些记忆最好的良药。

挫败虽然带来了痛苦与不适，但它也为我们提供了宝贵的反思与成长的机会。它让我们有机会审视自己的不足，思考问题产生的根源，从而找到改进的方向和方法。更重要的是，挫败教会了我们如何面对困难与挑战，如何在逆境中保持坚韧与乐观，如何在失败中寻找希望与机遇。

因此，在本章中，我们将一起探索挫败情绪的奥秘，相信心理学关于挫败的基本理论能够更新你的认知与看法，帮助我们更加科学地对待和整理挫败感，学习如何从挫败中汲取力量，培养强大的复原力。我们将通过原理阐述、案例分析、测评量表等多种方式，帮助你理解挫败情绪的本质，掌握应对挫败的策略和方法，让你在面对挫败时能够保持冷静、积极的心态，从而更好地应对生活中的挑战与困难。

定义我们的不是挫败而是如何触底反弹。恢复元气！跟挫败说再见。

高考失利觉得人生垮掉；付出了诸多努力却没能顺利完成任务；完成了任务却只能看着一起入职的同组小伙伴升职加薪；准备了很久的述职演讲却因紧张没有发挥好；设定的个人计划始终无法达成；被喜欢的人误解；无法与父母进行有效沟通；患慢性疾病忍受长期的疼痛；旧账未清又添新债；奶水不足，觉得自己不是一个好妈妈；相亲无数次都找不到合适的伴侣；中年失业后踌躇满志却找不到工作……

我们所有人都可能在某个时候发现自己被生活打败了。无论我们如何精心计划事情或尝试预测每一个结果，都不能完全排除生活中失败和失望的可能性。人不可能一直成功，当然，作为一本情绪类图书，我们不去探讨"成功"或"失败"的定义，仅探讨如何面对因失败或失望而产生的情绪，探讨我们如何面对挫败感，如何从这些让人备受打击的过程中获得成长，完成一次又一次的触底反弹。

那如何获得复原力呢？这需要我们先认真分析一下什么是挫败感，为什么我们会感到挫败。

什么是挫败感

挫败感在心理学中的定义是：在我们从事有目的的活动的过程中，由于遇到无法克服或自以为无法克服的障碍或干扰，导致动机不能实现、需要不能满足时所产生的消极的情绪体验，是遭遇失败、打击等情境而产生的一种沮丧和无力的情绪状态。挫败感并不是由一个独立的情绪构成的，如图 3-1 所示，根据引起挫败感的事件发生的频率和严重性，它也经历着"失望—沮丧—无力—抑郁"这样的情绪变化。根据抑郁的进化理论，过往研究显示，在个体抑郁和自我伤害发生期间，挫败、自我否定和绝望的感觉是最为强烈的。

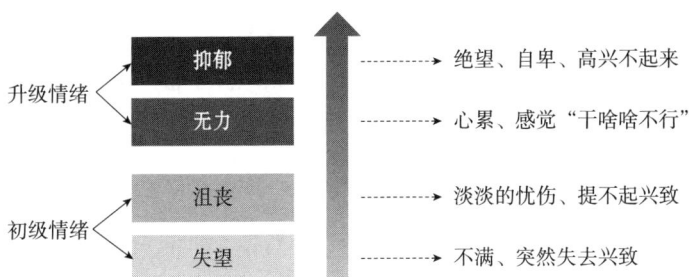

图 3-1　挫败感长什么样

遭遇挫败，不仅会直接导致我们持续的情绪反应，影响我们的心情和日常行为，而且也会让我们经历一个心理反应过程，让我们对未来发展产生焦虑，对自我能力产生怀疑。

挫败感还可能引发我们的一些消极行为，如逃避、退缩、攻击或自残等。它不仅影响我们的工作表现、学习动力，还会影响家庭氛围及社交关系，给社会造负面的影响。

挫败感的五大推手

推手一：事与愿违

事与愿违是挫败感最常见的诱因，通常情况下，人都会憧憬一个好的结果，但有时候当你在一件事情上投入了大量的时间和精力，事情却没有按照你的预期发展，甚至产生了和你预期相反的结果的时候，你会感到失望，便会产生挫败感。比如：你准备了很久的考试未能及格；你小心翼翼地捧着刚从超市买回来的鸡蛋想放进冰箱，却在开冰箱门时摔了一地；你喜欢的人不喜欢你；你准备了很久的面试没能通过；你熬夜修改的文档忘了保存；你熬了一夜修改好，赶在截止日期提交后才发现提交了修改之前的版本；你总是在一个坑里反复跌倒，同一类错误总是多次发生。以上种种都可能会引起挫败。

案例　小明的求职挫败感

小明是一名大学毕业生，他渴望在一家知名的科技公司找到一份梦寐以求的工作。他在大学里取得了优秀的成绩，并参加了许多与他专业相关的项目和实习。他对未来充满信心，并相信自己在面试中会脱颖而出。

然而，当他开始面试这家科技公司时，事情并没有按照他的预期发展。尽管他做了充分的准备，但他在面试中感到紧张，回答问题时也有些犹豫。几天后，他收到了一封邮件，告知他没有被录用。

这个消息对小明来说是个沉重的打击。他

感到自己的努力没有得到认可，自信心受损。他
开始怀疑自己的能力和价值，并陷入了挫败感之
中。看到其他同学陆续找到了理想的工作，而自
己却一无所获，这让他更加失落和沮丧。小明的
情绪变得低落，他开始回避社交活动，不愿意与
朋友和家人分享自己的挫败感。他变得消极，对
未来感到迷茫和不安。他对自己的前途失去了信
心，觉得自己注定无法在自己理想的领域取得
成功。

幸运的是，小明及时寻求了心理咨询师的帮
助。咨询师帮助他理解挫败感是正常的情绪，不
代表个人价值。他们一起探索小明在面试中的不
足，并制订了改进计划。

他们还回顾了小明在大学期间的成就和
优势，并鼓励他相信自己的能力。小明学习了
情绪管理和积极思考的技巧，以及如何寻求
支持。

经过一段时间后，小明逐渐走出挫败感的阴
影。他开始积极面对挑战，寻求其他工作机会。
多次尝试后，最终找到了一份满意的工作。他恢
复了自信，将这次经历视为成长的机会，并愿意
面对未来的挑战。

推手二：无效比较

有人的地方就会有比较，人总是不受控制地拿自己和他人进行比较。这种行为，在心理学中通常被称为"社会比较"。社会比较其实是一种非常普遍的现象，这种社会比较本来是我们生活中了解自己的观点、能力和价值的最直接的手段。它可以是显性的，即有意识地比较与他人的相似性和差异性；也可以是隐性的，即无意识地受到周围人的影响而与他人进行比较。

社会比较可以是积极的，比如看到他人的成功从而激励自己努力，但如果一旦演变成消极的过度比较，就会过分关注他人优点而忽视自己的长处，导致自卑和不满情绪的产生，催生"攀比心理"和"竞争心态"。明明实际情况没有你想象的那么严重，而你却浪费太多时间和精力将自己与他人比较，你可能会陷入"我究竟做错了什么？为什么他们比我更成功"的挫败感旋涡。这种不健康的比较，不仅会让你感到失败，还会偷走你的时间和精力，对心理健康产生负面影响，会让你觉得自己被社会所忽视或排斥，加剧不满和焦虑情绪，进而演变为行为上的消极。

案例　社交媒体挫败感

小玲是一位年轻的大学生，她经常使用社交

媒体平台来分享自己的生活和见闻。她注意到在平台上，许多人展示着他们看似完美的生活，如旅行、用智能手机、穿时尚的衣服等。尽管她知道这些照片和信息可能经过精心策划，但她还是开始与这些人进行比较。

每次浏览社交媒体，小玲都会感到自己与他人的生活相比不如意。她开始怀疑自己的价值和成就，觉得自己在与他人的比较中处于劣势。她感到自己的生活不够精彩、不够成功，并渐渐陷入挫败感之中。

小玲的情绪受到影响，她开始对自己产生负面的自我评价，并试图追求与别人相同的生活标准，甚至透支信用卡买了昂贵的物品。把东西刚带到学校的时候觉得自己吸引了一些同学的目光，渴望完美的心理得到了暂时的满足，但渐渐地，她感到焦虑和沮丧，觉得自己跟那些时尚达人比远远不够，无法达到所谓的"完美"标准。

小玲逐渐意识到这种比较是不健康的，并主动寻求专业的帮助。在咨询师的指导下，她开始认识到社交媒体上呈现的生活并非真实的反映，而是经过选择和编辑的结果。咨询师帮助她意识到每个人都有自己独特的经历和挑战，无须与他人的生活进行直接比较。

　　逐渐地，小玲学会了将注意力转向自己的成就和积极之处。她开始重塑自己的价值观，关注内在的满足和个人成长，而不是仅仅追求外在的表象。她学会了对社交媒体保持理性地看待，并限制自己过度与他人比较的行为。

　　小玲逐渐克服了社交媒体带来的挫败感。她开始珍惜自己独特的生活经历，并以积极的心态面对挑战和不完美。她学会了与他人分享真实的自己，而不是努力迎合别人的期待。

推手三：苛求自己

　　挫败感的强弱也跟自我评价相关。苛求自己的人一般有可能是低自尊的个体，他们通常对自己的能力和价值感到不确定，缺乏自信，会试图通过达到自我设定的过高的、不切实际的标准来证明自己的价值，一旦无法达到标准，就会感受到沮丧和挫败，从而对自己的行为进行过度的批评，常常对自己抱有负面偏见。

　　每个人的归因模式是非常神奇和主观的，当我们希望得到某个结论时，就会拼命地把所有能看到、想到的因素归纳至此。低自尊的人会习惯性地将自己与别人进行比较，

同时不断找到证据推论出自己不如别人好。在内心深处，
自我批评经常会这样发生："我什么都不好；我能力欠缺；
别人都好优秀，而我一事无成；我没办法改变现状；幸福和
快乐的生活不属于我；我找不到一个真心对我好的人；优秀
的人都不喜欢和我在一起。"

案例　苛责自我的小杰

　　小杰是一个雄心勃勃的年轻人，他对自己有
非常高的期望和标准。他追求完美，在学业、工
作和个人生活各个方面都要求自己做到最好。然
而，他常常感到无法满足自己的苛刻要求，导致
他产生了挫败感。

　　"我希望自己能够在各个方面都出色，因为
我认为只有全方位的优秀才能得到他人的认可和
赞赏。"

　　"可是我觉得无论我怎么努力，都无法达到
自己的期望。我总是感到自己不够好，对自己的
能力产生怀疑。"

　　每当小杰没有达到自己设定的目标时，他会
自责和贬低自己。他认为自己不够优秀，觉得自己
的努力没有得到应有的回报。这种持续的挫败感使
他的自信心受到打击，对自己的能力产生怀疑。

在心理咨询的过程中，咨询师与他一起探索了他对自己的苛求背后的动机和影响，帮小杰意识到他的苛求源于对外界评价和他人认可的渴望。他追求完美是为了获得他人的赞赏和肯定。咨询师帮助他认识到这种追求并不健康，而且不能永远获得他想要的结果。

这是一次重新评估自己的标准和期望的艰难过程。他们一起探索他所面临的现实压力和资源限制，并帮助他制订更合理和可行的目标。咨询师鼓励他以成长和进步为导向，而不是完美主义。

小杰逐渐学会了放松对自己的苛求，接受自己的不完美之处。他开始欣赏自己的努力和进步，而不是仅仅关注结果。他学会了给自己一些宽容和慈悲，并接受自己作为一个人其实不需要时时刻刻保持完美。小杰逐渐克服了苛求自我所带来的挫败感，他开始更加积极地看待自己和自己的成就，重塑了自信心，并学会以更平衡和健康的方式对待自己的标准和期望。

推手四：期望太高

在心理学中有个词叫"达克效应"，它指的是人们在评估自己的能力和知识水平时出现的偏差倾向，特别是对于能力有限者，在进入一个不熟悉的领域或者缺乏相关能力时，会产生盲目的乐观情绪和自信心理，从而对自己持有不切实际的积极评价，甚至超过平均水平。设定高标准并力求卓越是件好事，但重点是保持现实，保持谦逊和客观的态度，帮助自己认识到自身的不足和局限性，通过学习，花费时间来提升自己。不必要的完美主义和无法实现的目标只会让人失望和挫败。

案例　高估自己的程序员

李伟是一名年轻的程序员，他在工作中表现出色并被同事们称赞为技术高手。由于这些赞美和自身对技术的自信，他开始高估自己的能力，并设定了过高的目标。

一天，公司启动了一个重要的项目，要求李伟负责开发一个复杂的软件模块。他自信满满地认为自己能够轻松完成，并设定了一个非常紧迫的截止日期。然而，随着项目的推进，他发现自己遇到了许多技术难题，进度远远落后于计划。

每当他意识到自己无法按时交付时，他感到沮丧和自责。他开始怀疑自己的能力和价值，觉得自己是个失败者。他开始比较自己和其他同事的进展，感到自己不够优秀，这加深了他的挫败感。

他的情绪问题严重影响到了他的工作，于是他决定去做心理咨询。随着咨询的深入，咨询师逐渐揭示了李伟高估自己能力的动机。咨询师发现李伟在工作中的成功和得到的赞美使他产生了过高的自信，认为自己可以解决所有技术难题。咨询师引导他意识到技术领域的发展非常迅速，无法在短时间内掌握所有的知识和技能。李伟开始接受自己的不完美，接受自己需要继续学习。咨询师鼓励他重新评估自己的目标，并将其分解为更小、更可管理的任务。他开始更加谦虚和实事求是地看待自己的能力，也学会了将重点放在个人进步和团队合作上，而不是过于关注个人的成就。

推手五：成长之痛

如果你感到沮丧，可能是因为你正处于某种成长的转折点。无论是从青春期到成年的过渡，还是中年危机，或是老年失意，这些转折点实际上都是生活环境的突然变化导致我们突然感觉失去了对自己生活的掌控能力，从而引发挫败感。

我们在面对环境变化的时候，往往会对自己的能力表现有一定的期望。当现实无法满足这些期望时，人们常常归因于自己做得不够好。比如有些退休后的人，生活节奏和重心的变化，会让他们总是觉得心里空空的，白天没精打采的，甚至不想出门、不愿做饭，整日躺在床上，唉声叹气，对自我的人生价值产生怀疑，常常觉得自己的生活没意思。

案例 空虚的退休警察

张宁是一位退休警察，30年来，他全心全意投入为人民服务的事业。然而，随着退休的到来，他的生活节奏突然变得缓慢，他感到一种前所未有的空虚感和挫败感。

过去的日子里，张宁每天都有明确的任务和责任。他习惯了忙碌和充实的生活，但退休后，他突然失去了那些使他感到有价值和有目标的工作。

在退休后的第一个月，张宁尝试过放松和休息，但很快他发现他的生活缺乏意义和目标。他开始怀疑自己的价值，觉得自己没有用武之地，对未来感到迷茫。

每天起床后，他发现自己没有明确的任务，没有人依赖他做出决策或领导团队。他开始感到自己的能力和经验被浪费掉了，生活变得毫无意义。

　　张宁试图通过参加一些退休警察的社交活动来寻找一些交流和认同感，但很快他发现那些活动并不能填补他内心的空虚。他开始感到自己在人群中孤独无助，无法找到自己的位置。

　　为了改变现状，张宁决定主动寻找新的活动来填补他的生活。他报名参加了一个志愿者组织，帮助当地的老年人解决生活问题。在这个过程中，他重新找到了一种被需要和有价值的感觉。

　　逐渐地，张宁开始参与更多的社区活动，并成为社区中一位重要的志愿者和组织者。他利用自己的经验和技能，为社区做出贡献，帮助其他人解决问题。他发现在这个新的角色中，他重新找到了生活的意义和目标。

　　通过积极参与社区活动，张宁逐渐摆脱了退休后的空虚和挫败感。他发现自己仍然有价值和能力，只是需要找到新的出路和途径来发挥。在生活重新获得了动力和目标后，他感到更加满足和充实。

　　每个人的价值感体现在不同的领域，有人是家庭型的，有人是社会型的，有人是创造型的，有人是关系型的，找到我们各自适合的价值领域去发挥就好。

挫败感的影响

挫败感对个体的影响是多方面的，涵盖了心理、行为、情感和身体健康等多个层面。

心理层面

1. 自尊心和自信心受损

当个体在某个领域遭遇失败或挫折时，挫败感会导致其对自己的能力产生怀疑，进而降低自尊心和自信心。这种负面评价不仅影响当前领域，还可能波及其他领域，影响整体的自我评价。

挫败感还可能使个体陷入自我怀疑的怪圈，不断质疑自己的能力和价值，导致自信心和自尊心的长期受损。

2. 消极情绪的产生

挫败感会引发一系列消极情绪，如沮丧、无助、失望、愤怒等。这些情绪如果得不到妥善处理，可能进一步加重挫败感，形成恶性循环。

3. 认知偏差

挫败感可能导致个体在认知上出现偏差，如过度概括化（将一次失败视为全面失败）、选择性注意（只关注负面信息，忽视正面信息）等。这些认知偏差会进一步加剧挫败感，影响个体的心理健康。

行为层面

1.逃避和退缩

挫败感可能使个体在面对挑战时选择逃避和退缩，避免再次经历失败和挫折。这种行为模式会限制个体的成长和发展。

2.攻击性行为

在某些情况下，挫败感可能引发攻击性行为，包括直接攻击（如对人讥讽、谩骂）和转向攻击（如自责、将攻击目标指向不相关的人或物）。这些行为不仅损害个体的社交关系，还可能引发更多的冲突和问题。

3.固定和僵化

挫败感还可能导致个体在行为上变得固定和僵化，反复做某种无效的动作，无法适应新的情境和需求。这种行为模式会阻碍个体的进步和发展。

4. 自我伤害行为

长期受挫的个体因无法实现自身目标，除上述行为外，甚至可能会选择暴饮暴食、自残等方式作为实现个体目标的手段。而且，随着受挫的程度和频率增加，会引发更严重的行为后果。

2019 年发生在北京大学的一个案件中，一名女生因受男友的精神折磨而在一家宾馆服药自杀，经医治无效后去世。这是一起典型的亲密关系中的精神控制和虐待案件。男友利用她对他的感情，通过谎言、恐吓、羞辱等方式对她进行精神控制，使她陷入自我贬低，长期的挫败情绪让她绝望、无助，丧失自主意志和判断能力，导致她身心受到重创，最后选择自杀。

情感层面

1. 情绪波动

挫败感会使个体的情绪变得不稳定，容易出现情绪波动和情绪失控的情况。这种情绪波动不仅影响个体的心理健康，还可能对日常生活和工作造成干扰。

2.情感依赖

长期处于挫败感中的个体可能会变得情感依赖，过分依赖他人的认可和支持来维持自尊心和自信心。这种依赖关系可能使个体在面对挑战时更加无助和脆弱。

身体健康层面

1.免疫力下降

长期的挫败感会导致个体免疫力下降，增加患病的风险。这是因为挫败感引发的负面情绪会影响个体的内分泌系统和免疫系统功能。

2.睡眠障碍

挫败感还可能导致个体出现睡眠障碍，如失眠、多梦等。这些睡眠问题会进一步影响个体的身体健康和精神状态。

挫败感的测试与评估

挫败感量表（The Defeat Scale）是由彼得·吉尔伯特（Peter Gilbert）和斯图尔特·阿兰（Stuart Allan）

于 1998 年设计的，用于评估个体感受到的失败感或挫
败感。唐华等人对该量表进行了修订，修订后的量表
（如表 3-1 所示）共包含 16 个条目，采用 5 点计分法，旨
在衡量个体在面临挫折时的心理反应强度及频率。

当下的你是否被挫败感所困扰呢？可以回答一下表中
的问题。

采用 5 点计分法：0 为从不，1 为极少，2 为有时，3
为经常，4 为总是。表后附有合计得分的解析（如表 3-2
所示）。

表 3-1 挫败感量表

序号	条目	从不	极少	有时	经常	总是	得分
1	我觉得自己一事无成	0	1	2	3	4	
2	我觉得自己是一个成功的人	4	3	2	1	0	
3	我觉得自己被生活打败了	0	1	2	3	4	
4	总的来说，我觉得自己是个赢家	4	3	2	1	0	
5	我觉得在这个世界上没有我的立足之地	0	1	2	3	4	
6	我觉得在日常生活中我就是个出气筒	0	1	2	3	4	
7	我觉得很无力	0	1	2	3	4	
8	我觉得自己缺乏信心	0	1	2	3	4	
9	我觉得无论面对什么样的困难我都有能力应对	4	3	2	1	0	

（续）

序号	条目	从不	极少	有时	经常	总是	得分
10	我觉得自己处在社会的底层	0	1	2	3	4	
11	我觉得自己被社会淘汰了，就像被踢出局了	0	1	2	3	4	
12	我觉得自己是生活中的失败者	0	1	2	3	4	
13	我觉得自暴自弃，已经放弃了自己	0	1	2	3	4	
14	我有沮丧和挫败的感觉	0	1	2	3	4	
15	我在争取生命中重要的事情时是失败的	0	1	2	3	4	
16	我觉得自己毫无斗志	0	1	2	3	4	
合计							

表 3-2 挫败感量表合计得分解析

分数	级别	解析
0~32	轻度	当下，你感到了轻微的、暂时的挫败，可能是在工作中遇到小的困难或挑战，考试没考好但仍然有机会通过，等等。这种挫败感受可能会让你感到失望或沮丧，但这是自我保护的正常情绪，相信你可以通过调整自己的态度和积极朝新的目标行动来自我调整

（续）

分数	级别	解析
33～48	中度	当下，你的挫败感受可能已经持续了一段时间，这也许和你在事业、人际关系或个人成长等方面多次受挫，或者遭遇失败相关，这种挫败感受让你开始失去信心、自卑、自我怀疑，等等。请你拥抱一下当下的自己，像朋友一样安慰自己。正确认识当下的失败，不要过度灾难化地演绎为对自我能力的过分批评，希望你可以在转变认知中获得成长的复原力
49～64	重度	当下，你正在经历极度强烈和深刻的挫败感受，可能是由于重大失败、失去重要的人或物、遭受巨大的打击或创伤等。这种挫败感已经影响到了你的心理状态和生活质量，你感到失去信心、自我怀疑、甚至有些抑郁情绪，等等。你可以尝试接受已经发生的现实，调整心态重新建立目标。我知道你现在想要提起兴趣做一些小事都很难，也许通过寻求专业的心理治疗和家人、朋友支持可以帮助你更快的重新建立自信，重塑积极的人生态度

应对挫败感的方法

人生不如意十之八九，那当这些挫败到来之时我们应该如何应对？接下来，通过小强的例子，我们来了解"自我调节五步法"。

小强是个非常踏实努力的高三学生，刚刚参加了高考，但发挥失常，没有考上"双一流"大学。

1. 第一步：接受挫败感

当你感到失败时，要接受这些情绪，而不是压抑或避免它们，真实地去描述和感受当下的情绪。

小强：知道成绩的时候，我感到难过、失望，觉得很迷茫，不知道未来在哪里。

2. 第二步：自我共情

我们中的大多数人很容易在他人遇到困难的时候向他们表达善意和温暖，但在我们感到失败时却无法对自己做同样的事情。积极的自我对话起着重要作用，尤其是在不利情况下。想象一下你会对朋友说些什么？

小强对自己：我太笨了、太蠢了，我的未来完了。

小强对朋友：无论结果怎么样，我为你曾经的全力以赴而骄傲，奋斗过程中坚持不懈的精神才是以后人生中更重要的财富。

3. 第三步：停止灾难化

在不愉快的情况下，我们的认知模式会有灾难化或假设最坏情况的倾向。在这种模式下，我们的大脑不按比例地夸大了一个令人不安的事件，从而导致抑郁和焦虑等不利条件。与其纠结于发生了什么以及可能进一步出错，不如通过有意识地重构你的思维模式来评估情况。

小强的灾难化倾向：没考上重点大学，我人生完蛋了，我以后找不到好工作、挣不到钱，一辈子当失败者。

小强的认知调整：我真的没办法找到好工作吗？我期待的好工作是什么样呢？这样的工作需要什么样的能力？学历决定一切吗？我是否有办法弥补呢？

4. 第四步：专注于行动

当你感到被生活打败时，你可能会误以为自己的能力有限，给自己设定各种边界。在成长型思维模式中，个体会认为可以通过磨炼自己的才能和提高技能来实现自己的目标，从而专注于学习和采取行动。

小强转变前：高考失利，就说明我就是没有能力。

小强转变后：高考失利，只是说明我这次答题有问题，测试维度的相关能力表现不佳。但我的理想职业需要的能力是多维度的，而且这些维度是我不断努力可以完善的。与其在这里痛苦，不如思考自己的目标是什么，然后行动起来。

5. 第五步：了解“小赢”的力量

当你感到失败时，你可能想要重新站起来并着手追逐崇高的目标，这是可以理解的。更明智的做法是设定小的、渐进的目标，以确保实现这些目标是明确的、可实现的，而不会使你感到不知所措或沮丧。以小强的目标"成为一名优秀的数据分析师"为例。

目标拆解如下。

步骤一：成为一名优秀的数据分析师→业务能力、思考能力、沟通能力、执行能力等不同维度的能力需求；

步骤二：业务能力→需要掌握分析方法、数据能力、技术能力、统计知识等；

步骤三：统计知识→统计的基础概念、理论、应用等；

……

逐级细化目标将目标分解为"系统"的更小部分，并进一步分解为可定期跟踪的可操作日常任务集。

小赢往往会激活你的大脑回路，持续的动力会导致多巴胺的释放，从而增强你的信心。

当然，在你因为所面临的困难而感到沮丧时，重获力量的一个万无一失的方法是了解你人生的最深切的目标：你想成为什么样的人，过上什么样的生活。请花几天时间好好想清楚这些对你而言最重要的人生课题，有了答案之后，再画出你的梦想蓝图，走出挫败、夺回快乐生活权利的能力就在我们内心。

6.规划我的"梦想蓝图"

（1）定义你的梦想：明确你的梦想是什么，它可以是职业、个人成长、家庭生活或其他方面的目标和愿望。确保你的梦想是具体、明确和可衡量的。

（2）分解目标：将梦想分解成更小、更具体的目标。每个目标应该是可以衡量和实现的。将长期目标分解为短期目标，使之更易实现和追踪进度。

（3）制订计划：为实现每个目标制订详细的计划。确定需要采取的具体行动步骤和时间表。确保计划具有可行性和实际性。

（4）建立支持系统：寻找支持你的人或资源，如导师、朋友、家人或专业组织。他们可以提供鼓励、指导和支持，帮助你在实现梦想的过程中克服困难和挫折。

（5）学习和发展：学习实现梦想所需的技能和知识，进行自我发展。寻找学习机会、培训课程或指导导师，不断提升自己的能力和知识。

（6）监测和评估：定期回顾和评估你的进展。检查你是否按照计划前进，是否需要进行调整或修正。这有助于你保持朝着目标前进，并做出必要的改变。

（7）坚持和毅力：实现梦想需要坚持和毅力。遇到挑战和困难时，保持积极的心态，并持续努力。相信自己的能力，相信你可以实现梦想。

通过遵循这些步骤，你就可以规划出一个清晰、可行的梦想蓝图，让你更有可能实现自己的梦想和目标，还等什么？现在就开始行动吧！

如果你的心中的蓝图还不够清晰，你可以试着用"梦想挖掘机"来挖掘内心中真正想要的，请准备一个不被打扰的时间和空间来回答以下问题，不要偷懒，因为它对你的人生而言，太重要了！

梦想挖掘机

1. 你最向往的事情是什么？为什么？
2. 如果时间和资源不是问题，你会做什么？
3. 你觉得自己的天赋和特长是什么？你希望如何运用它们？
4. 有没有什么特别的经历或事件，让你对某个领域或目标产生强烈兴趣？
5. 如果你能给未来的自己写一封信，你希望你能实现什么梦想？
6. 在你的生活中，有没有一件事情让你感到特别有成就感和满足感？
7. 是否有某个领域或行业让你特别感兴趣？你为什么对

它们感兴趣?

8. 你梦想有什么样的经历或冒险行为? 为什么这些事情
吸引你?

9. 如果你有机会改变你的职业, 你会选择什么? 为什么?

10. 你觉得自己的使命是什么? 你希望通过你的存在为世
界做出什么贡献?

☺

第 4 章

好好嫉妒
"红眼病"要坦荡荡

你的好友练习了几个月的吉他，突然在派对上展示出惊人的演奏技巧，而你只会弹三和弦，感觉自己落后了；你的同事刚刚得到一次薪资大幅增加的晋升，而你仍然在原地踏步；你看到你的前任与新伴侣甜蜜恩爱，频繁旅行，发布一堆浪漫照片，而你还在单身；你在社交媒体上看到你的同事得到了老板的称赞和认可，获得了大量关注和喜爱，而你的贡献似乎被忽视了，感觉有点儿不公平。有时候我们都会被嫉妒之情击中。

当谈到人类情感中复杂和普遍存在的现象时，嫉妒无疑是一个引人注目的主题。从古至今，嫉妒一直在人类社会中扮演着重要角色，影响着我们的行为、关系和心理健康。无论是在个人生活中，还是在社交媒体中，嫉妒都以各种形式出现，给我们带来了挑战和困惑。

嫉妒是什么

1. 嫉妒是一种不舒服的情绪体验

嫉妒的程度很重时，可能会引发身体感受，"利刃穿心的感觉""心脏疼痛无比""恨得牙痒痒""吃醋"等形容我们经常听到，它们被用来描述我们感到嫉妒时来自内心的酸涩感。

2.嫉妒是一个在程度上呈现出递进的连续谱

如图 4-1 所示，嫉妒是一个在程度上呈现出递进的连续谱，它引发的情绪分别是羡慕、妒羡、嫉恨。

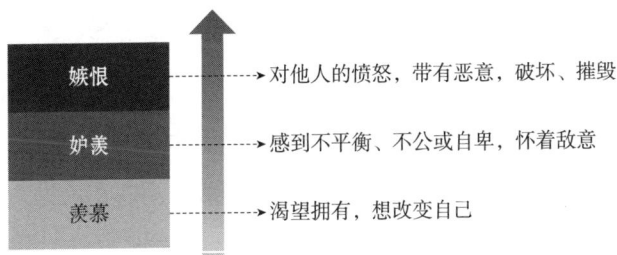

嫉恨 ┈┈→ 对他人的愤怒，带有恶意，破坏、摧毁

妒羡 ┈┈→ 感到不平衡、不公或自卑，怀着敌意

羡慕 ┈┈→ 渴望拥有，想改变自己

图 4-1　嫉妒长什么样

（1）羡慕：羡慕是对他人拥有的某种特质、成就或物

质条件产生渴望，希望自己也能够拥有的情感。与欣赏不同，羡慕可能带有一定的不满足或渴望改变自己的心态，因为你希望获得他人所具备的某种东西。

（2）妒羡：妒羡是在羡慕的基础上产生的一种消极的情感。当你妒羡他人时，你不仅仅是渴望拥有他们的特质或成就，还可能因为无法达到相同的水平而感到不平衡、不公平或自卑。妒羡可能伴随着敌意和恶意。

（3）嫉恨：嫉恨是一种更极端的情感，表达了对他人的成功或幸福感到愤怒的带有恶意的情绪。当你嫉恨他人时，你的内心可能深受这种情感的折磨，并会以一种有恶意的方式对待他人，希望他们失败或失去他们所拥有的东西，这是典型的"损人不利己"心态。

3.嫉妒是人类普遍具有的一种情绪体验

那些说自己从来没有嫉妒过的人，有可能是在说谎。他们可能并不是在骗别人，而是在欺骗自己。但有时，我们确实会听到有人振振有词地说，"我就从来没有嫉妒过啊"。如果你也说过类似的话，恭喜你，这说明你是个正常人。嫉妒的人往往不会觉察或承认自己的嫉妒，因为这几乎等同于承认自己道德素质低下，相反，他们通常会以一些更加微妙的形式表现出来。比如，他们会暗中贬低他人，通过贬低别人的成就、能力或外貌，以减少对方的价值感，并试图维持自己良好的自我形象；他们会背后诋毁他人，通过暗示、讽刺或挖苦的言辞来伤害对方，以表达自己的不满和不平衡。

案例　不算磊落的小林

小明和小林是科技公司里同一团队的成员。小明一直是这个团队的得力干将，工作出色，受到领导和同事的认可和赞誉。小林虽然能力也不错，但他总是在小明的光芒下显得黯然失色。一天，公司领导宣布要进行晋升评选，他看到小明收到了领导的表扬邮件，暗暗感到不满和嫉妒。他开始不自觉地暗中贬低小明，希望自己能够在评选中胜出。在同事面前，小林开始故意透露小明在工作上的缺点，有一次小明发给客户的邮件标题里出现了错别字，小林就四处宣扬，暗示小明工作不够细致、不够认真，他觉得这样可以让同事们对小明产生怀疑，给自己争取更多的机会。他还把自己的工作成果渲染得很大，强调自己的贡献。

有一次，小明在团队会议上分享了一个项目的成功经验，但小林在会后偷偷跟其他同事说，其实那个项目并不是小明一个人的功劳，他认为小明只是顺风顺水而已，项目中还有其他人的努力。小林在暗中贬低小明的行为逐渐得到了一些同事的共鸣。他们开始对小明的工作表现产生了怀疑，觉得他可能并没有想象中的那么出色。小明感到自己受到了不公正的对待，他开始努力证明自己的能力，但他不知道是小林在背后搞鬼。随着时间的推移，小林的嫉妒心态越发明显。他不断地扭曲事实，贬低小明的能力和贡献，希望能让自己在晋升评选中脱颖而出。然而，这种不健康的竞争和暗中贬低他人的行为最终伤害了整个团队的团结和合作氛围。小明也逐渐察觉到了小林的小动作，对原本友好的同事关系产生了疑虑。

除了案例中讲的这种嫉妒，还有一些嫉妒则更加微妙。你是否有过这种经历，表面上对某人的成就风轻云淡，但在对方遭遇人生滑铁卢时又在心中窃喜？"幸灾乐祸"不仅是一种情绪，还是我们嫉妒某人的"化学指示剂"。还有些人会刻意远离嫉妒源，不接近自己佩服的人，出于同辈压力而关闭朋友圈，或者在社交平台上把某些过于"优秀"的人设置成"不看他"。这些行为都在提醒我们，是时候和自己的嫉妒坐下来谈谈了。

4. 嫉妒是一种不方便明说的情绪体验

- **嫉妒 + 孤独会让嫉妒更加难以忍受。** 嫉妒通常会被大家认为是心胸狭隘、品德低下的标志，这让我们在面对如此痛苦的情绪时，还要强颜欢笑、独自承受，难以向朋友家人启齿，这种"嫉妒在心口难开"的感觉，让嫉妒更加痛苦难耐，这便是绑定了孤独的嫉妒。

- **嫉妒 + 羞耻会让嫉妒危害更大。** 有些人可以觉察到自己的嫉妒心，却为自己也有嫉妒心而倍感羞耻。"我的室友聪明优秀，虽然经常也有朋友夸我聪明，但每次看到他，我真的很嫉妒。不知道为什么，我很讨厌我自己这个样子，好想摆脱嫉妒心。"嫉妒本就令人不好受，和自己的嫉妒情绪做对抗更是雪上加霜，这便是绑定了羞耻的嫉妒。

为什么会嫉妒

1. 在任何能够比出高下的领域内，都可以引发嫉妒

嫉妒源于与他人的比较，因此在任何能够与他人竞争或比较的领域都可能引发，如以下这些领域。

- 权力与财富：资产数额、声望、职位、艺术品的收藏数量
- 身体和外貌：样貌、身高、身材、肤色、发际线、发量、身体健康状况
- 人际关系：朋友数量、朋友圈点赞量、受欢迎和被喜爱的程度、人脉广度、收到的礼物数量
- 事业与成就：学历、证书数量、证书含金量、获得称赞的次数、公众认可度、专业成就
- 幸福与满足：家庭幸福和稳定的程度、生活品质、实现梦想的进度、休闲和娱乐的丰富程度、旅游和冒险的经历、教育和培训资源的质量
- 个人能力与特质：智商和才能、创造力和创新的思维、个人品位、内心满足感、抗压能力

2. 嫉妒是因为内心与他人的距离太近

如图 4-2 所示，我们先来看看如果在心中与别人距离过近时会发生什么。我们在跟别人做比较时，会不自觉地把别人拉得离自己太近。想象一下，如果一个人在十米开外的地方跳街舞，我们可以惬意地欣赏他的舞姿，但如果他贴着我们的身体跳舞，就可能会踢到我们，对我们产生威胁，我们也就不能欣赏到他舞姿的全貌了。同理，我们敬佩爱因斯坦，崇拜莫扎特，他们如此才华横溢，我们却

不嫉妒他们，但我们往往会因为同事升迁、初中同学赚了钱而心生嫉妒，正是因为朋友、同事近在咫尺，甚至进到我们心里去了，而爱因斯坦却在我们遥不可及的地方。伯特兰·罗素（Bertrand Russell）给了我们启示，他曾说，"乞丐不会嫉妒百万富翁，但是会嫉妒收入更高的乞丐。"

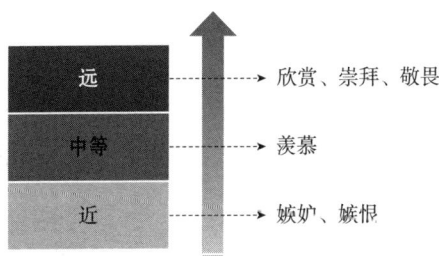

图 4-2　在心中与别人距离过近时会发生什么

3. 嫉妒是为了在模糊环境中自我确认

社会比较理论的创立者利昂·费斯汀格（Leon Festinger）曾断言，人类需要不断评估自己和自我确认，这是人的基本动力。客观的评价体系越模糊，人类就需要通过与其他人比较，来相对地确认自己的能力。就拿健康来说，评估自己是否健康，我们一般不需要去跟别人比较，我们很少去跟别人攀比谁更健康，或谁患有更多的病，因为你清楚地知道自己的身体是否有不适，是否存在慢性病或重大疾病。如果你确实不知道，也可以去医院做检查，医生会评估你的检查结果。然而生活的其他方面，我们可能很难获得这种确认，比如，想要确认自己的个人价值，就很难找到一个既定标准，这个时候人们就会走捷径，不自觉地与身边的人进行比较，或通过攀比那些容易衡量的事物来确认自己的价值，比如学历、消费水平、月薪和配偶的月薪，等等。

4. 嫉妒可能源于害怕被抛弃

有时嫉妒来自害怕被抛弃的心理。有些情侣中的一方会报告说，当看到对方在工作上晋升，或者看到对方有很多好朋友，周末过得充实多彩时，自己会感到类似嫉妒的担忧，害怕对方变得优秀之后就会离开自己。

案例　害怕被抛弃的小亮

小亮在一家公司做研发工作，他与女友小婷交往了一段时间。小婷是一个聪明有能力的年轻女孩，在工作上表现出色，得到了领导的认可和提拔。她也有一些很要好的朋友，喜欢周末的时候和朋友们一起参加各种活动，生活充实多彩。

然而，小亮对于小婷的成功和热闹的社交圈感到有些嫉妒。每当他看到小婷在工作上取得成就，或者和一群朋友在周末玩得开心时，他心里会涌起一种不安的感觉。他开始担心，如果小婷变得越来越优秀，他会变得不再重要，被她抛弃。
小亮担心自己无法满足小婷的期待，或者无法在
她的生活中找到自己的位置。这种情况下，他开
始用嫉妒的情绪来保护自己，试图保持一种控制
感和安全感。他开始在心里与小婷竞争，觉得自
己必须比她更出色，才能保持住她对自己的喜爱，
留住她。在相处的过程中，他表现出了一些控制
欲，比如会询问小婷刚接的电话是谁打来的，有
什么事，还会对小婷聚会里的朋友中有没有年轻
的单身男性特别在意。

　　这让小婷逐渐产生了很不好的感觉，但她也
不知道问题出在哪里。

嫉妒的功能与价值

1. 嫉妒提醒我们，身边出现了值得学习的对象

　　嫉妒这种情绪，其实跟我们的祖先"抱团"求生的需
要分不开。想象一下，在原始社会，谁要是被赶出部落，
单打独斗，就有可能无法获取食物，碰见野兽也只能自己
面对。那时候人的脑子里就像装了自动扫描仪："大伙儿吃
饭我有没有跟上节奏？""干活时我是不是拖后腿了？""我

会不会被大家嫌弃？"说白了，就是随时在和同伴比着来，生怕自己落后——这可是保命的生存智慧。

现在我们早就不住山洞了——问题就出在这儿。我们在朋友圈看到前同事升职加薪的消息，看社交媒体平台时发现同龄人创业成功，在浏览视频软件的过程中，炫富视频猝不及防地跳到我们眼前，每当这种时刻，我们大脑中还保留着的原始的比较系统便开始疯狂运行——它根本分不清手机里出现的到底是真实生活还是经过包装的广告。

所以，嫉妒情绪本身是在提醒我们，有些人在某些领域做得比我们好，而且这一点也被我们发现了。嫉妒激励我们见贤思齐，鼓励我们吸收借鉴。重点是要把这种"别人凭什么"的不满，转化成"我能做什么"的具体行动。通过这个隐喻，我们可以看到，嫉妒情绪本身是在提醒我们，有些人在某些领域做得比我们好，而且被我们也发现了，这种情绪激励我们见贤思齐，鼓励我们吸收借鉴。

2. 嫉妒提醒我们，我们在别人身上看到了自己的真实需要

案例　自强独立的盛女士

盛女士入职这家公司后，心情烦躁成了家常便饭。办公室有个同事，和她一样是刚刚入职

的。这位同事遇到难题了就跟旁边的同事说几句好话，让同事帮帮他；需要取快递了就请求旁边的同事顺便帮他去取。同事们不仅不觉得反感，还非常喜欢跟他聊天，午饭时也会一起去吃。"这么简单的事情，还需要别人帮你做吗？你没手没脚吗？你是巨婴吗？就不能独立一点吗"，盛女士跟自己的心理咨询师这么说道，脸上充满了不屑与疑惑。而心理咨询师知道，盛女士复杂的情绪体验中，有嫉妒的存在。

盛女士是在"反向抚养"的家庭中长大的。盛女士家庭拮据，她从小就要像大人一样，洗衣做饭，还要帮父母照顾弟弟。妈妈体弱多病，她骑车去帮妈妈抓药熬汤。有时爸爸因为应酬喝个大醉回家，在沙发上倒头就睡，她帮爸爸脱衣盖被，有时还要清理爸爸的呕吐物。爸爸、妈妈和弟弟有了负面情绪，都要向她倾倒，盛女士从小就成了一个倾听者。盛女士的座右铭就是"要独立，周围人都需要你"。盛女士是在情感剥夺中被迫长大的孩子，她在孩童时期也想要被照顾、被呵护、被宠爱，她一直在等待这种需求被满足，这一等就等到了 33 岁。

现在，盛女士看到了这个同事，他可以自如

地表达自己的需要，坚信自己会被照顾。盛女士想到的是"这么简单的事，还要别人帮你做"，实际上她内心的渴望是"同样一件事，凭什么我不可以让别人帮我做"。

让我们嫉妒的事物，往往蕴藏着自己的真实需要。当看到别人拥有你想要却没有得到的东西，或者是别人做了你想做但不敢做的事时，嫉妒时常会发生。

感到妒火熏心怎么办

1. 见不得别人好，得不到就毁掉

王后不是世界上最美丽的女人，于是给了白雪公主毒苹果。龙虾快要爬出桶时，就会有其他龙虾把它扯下来。很多寓言故事都告诉我们，见不得别人好，得不到就毁掉，是最不值得提倡但又最常见的应对嫉妒的方式。

有一则发生在高中火箭班的笑话。这个班里有个男孩，无论他多么努力，永远都和全班第一相差 30 多分。有一天他在梦里遇到了阿拉丁神灯的灯神，灯神说可以帮他实现一个愿望。他向灯神抱怨道，"我每次都比全班第一少

考 30 多分，请你让我超过他"。灯神说这还不简单，于是提高了他的智商，并说，"不用担心，以后的每次考试你都会提高 50 分"。灯神得意地笑着，男孩却急了，说道："谁让你帮我提分了？你把全班第一的成绩降低 50 分不就好了吗？"

这是很典型的一种应对嫉妒的方式，不是通过借鉴学习对方来让自己变得更好，而是诋毁或摧毁对方。正是这种方式败坏了嫉妒的名声，让红眼病成了一种人人唾弃的心病，也让很多人不敢正常展示自己的生活，唯恐自己遭受嫉妒。"得不到就毁掉"的方式是如此恶劣，这种方式当然是不可取的。要知道，我们控制不了自己的嫉妒情绪，但可以控制自己的破坏性行为。

2. 觉察嫉妒：看到并承认自己正在嫉妒

和愤怒、焦虑不一样的是，嫉妒是一种比较隐晦的情绪。它虽然是一种很不舒服的情绪体验，比如"利刃穿心的感觉""心脏疼痛无比""恨得牙痒痒"，但更多时候我们感受不到嫉妒，经常是嫉妒而不自知。那么有没有方法来确认自己已经处于嫉妒之中了呢？你可以用下面的嫉妒思维自测表和嫉妒行为自测表来确认。

嫉妒思维自测表

当你的头脑经常发出这些声音，可能提示嫉妒已经发生了，比如：

- 凭什么他_____，而我_____？
- 哼，他那只不过是_____
- 不就是_____吗？那有什么厉害的/值得显摆的吗？
- 你_____了不起吗？
- 他能_____，不就是因为_____吗？
- 我只是懒得_____
- 我只是不屑于_____
- 我只是还没开始_____

嫉妒行为自测表

有时我们并不会受嫉妒驱使去做出过于具有破坏性的行为，但有时这些行为是微妙的，比如：

- 回避有他在的活动和场所
- 屏蔽他/不看他的朋友圈
- 关闭朋友圈，卸载社交媒体
- 在听到对方的倒霉事时幸灾乐祸，内心一阵窃喜
- 在聊起对方时，有选择地讲述他的负面消息
- 暗自较劲儿，拼命想要超过他

如果看到这里，你发现自己占了表中的好多项，自己

早就身处嫉妒当中而不自知，那么仍然是恭喜你，这说明你是一个正常人。依然记住，嫉妒只是一种情绪感受，嫉妒情绪必然会发生，我们无法控制也无法摆脱，但我们可以选择如何疏解这种情绪。

3. 与羞耻脱钩：嫉妒不是道德败坏

有人可能知道了这个道理，但还是会隐隐担心，自己竟然也是会嫉妒的人，不愿承认自己原来也是这样的"小心眼"或"鼠肚鸡肠"。如果你有这些担忧，那么再次恭喜你，你是一个正常人。对嫉妒感到羞耻，是很多文化中都存在的现象，这也恰恰是嫉妒让人备受煎熬的原因。这个时候，我们的头脑又会发出什么声音呢？我猜会有以下这些声音：

- "我小心眼""我不大度""我很善妒""我嫉妒心强""我有红眼病""我见不得别人好"（**与自我概念融合**）
- "小心眼不好""善妒不好""嫉妒心强不好""红眼病不好"（**与评判融合**）
- "我应该大度""我应该为别人感到高兴""我不应该小心眼""我不应该善妒"（**与规则融合**）
- "别人如果知道我是个善妒 / 小心眼 / 见不得别人好的人，肯定会唾弃我"（**与未来融合**）

使用之前提供的认知解离法，可以帮助你从这些想法中抽离出来。当嫉妒不再伴随着羞耻，你会更加接纳自己的嫉妒。

4.认知重构：嫉妒并非洪水猛兽，可以为我们所用

总结刚刚对嫉妒的了解，我们发现：

- 嫉妒提示我们，此时有我们真正在意的东西出现了。
- 嫉妒让我们确认了自己内心深层次的需要。
- 嫉妒至少说明我们正处在一个优质的圈子中，这个圈子中有些榜样令我们欣赏或崇拜。
- 嫉妒让我们将注意力放在值得学习的对象身上。
- 在可以避免伤害他人的情况下接近嫉妒源，而非回避，这样可以让我们吸收借鉴对方身上的优秀特质，获得他的帮助，提升自我。

5.坦率表达：嫉妒有时能展现风度

2009年火起来的网络用语"羡慕嫉妒恨"，让众多网友得以将嫉妒坦率地表达出来。当嫉妒可以用一种调侃或幽默的口吻表达时，自己的嫉妒反而被疏通、被转化了。在某次正念学术大会上，一位汇报者对自己的研究成果侃侃而谈，严谨的学术证明过程加上娴熟的演讲技巧，令场

下观众赞叹。汇报完毕，座席中一位在读的研究生主动交流提问，但他放弃了提问，转而开始由衷地赞叹汇报者的严谨与台风，并说道，"你的学术能力和演讲技能令我嫉妒，我要继续沉淀，在将来的某天超过你"。话音未落，在场观众先是哄笑，随后便爆发出雷鸣般的掌声。当嫉妒不再被掩盖，而是光明正大地被表达时，嫉妒就不再是羞耻，而转化为一种积极的能量。

好像被别人嫉妒了，怎么办

在交友之路上，我们免不了也会经历他人的嫉妒。他们可能是我们很好的朋友，能够共情我们的悲伤，也由衷地希望我们能够得到尽量好的事物，但我们还是可以感觉到一些微妙的暗流：当我们邀请他们来吃饭时，他们总是忘记感谢；当我们"脱单"时，他们好像并不高兴；当我们有了新工作时，他们不会问一句"工作如何"。这样的表现可能让我们始料未及，甚至开始怀疑，这段友谊为何会发展成这样。那么遇到这种情况，我们应该怎么办呢？

1. 假设嫉妒的存在

那些沉默的瞬间、奇怪的神情，可能都证实了我们的猜测。知道了嫉妒的普遍性，我们就不要奢望在友谊中自己可以幸免于嫉妒的困扰。我们也要知道，喜欢一个人和嫉妒一个人，这两种情绪可能会同时出现在一个人身上，这听起来很矛盾，但也是人际关系中千真万确的规律。我们可以大胆假设，嫉妒可能正在发生着。对方可能和本书中所说的一样，没有意识到自己正在嫉妒，或者被自己的嫉妒吓到了，难以接受自己的嫉妒。

2.坦白感受并确认

即使你怀疑对方嫉妒的可能性只有50%，你也可以百分之百确定你已经感觉到了不悦。如果你认为这个朋友是值得你留住的，你在关系中也确实已经感到了疑惑、伤心、委屈或愤怒，你可以尝试与他谈论你的感觉，并向对方确认嫉妒是否已经让你们产生了隔阂。当然，开展这种高难度沟通对双方都有压力，选择合适的时机，在只有你们两人的时候，或者是刚刚经历过非常开心放松的时刻时，对方更有可能敞开心扉。

3.消除对方疑虑

对方嫉妒我们已经拥有的，但这并不意味着对方希望夺走我们的爱情、学历或工作。他们最需要的其实是安心。他们希望确认，即便我们现在春风得意，也依然爱他们如初，依然在牵挂他们、关心他们，尽量把好的给他们，和从前别无二致。我们被教导如何成功，却没有学到我们在成功之后，如何让身边人安心，这是我们需要补的重要一课。当然做这些事情时要保证一个前提：你觉得这个朋友值得。如果你做这些时感到委屈，想着"凭什么是我做这些"，你完全可以不去这么做。

第 5 章

反感也讲究
厌恶情绪的应对

你可能有过这样的体验：路过垃圾站时突然闻到恶臭，会本能地用手遮住口鼻；同事在办公室大声咀嚼食物时，你默默把椅子往反方向挪了半米。这些下意识的躲避动作，都是身体在替你表达同一种情绪——厌恶。

这种情绪比我们想象得要更常见。在外卖里吃到夹生的肉，立刻拍照发给商家投诉；听到朋友用轻蔑的语气评价弱势群体，借口去洗手间结束对话。这些瞬间的排斥感，有时强烈到能让人起鸡皮疙瘩，有时又隐蔽得连自己都难以察觉。

厌恶最初是人类自我保护的本能。腐烂食物的酸臭味会触发呕吐反应，避免我们中毒；见到伤口溃烂的皮肤会产生恐惧，促使我们远离病菌。但现代社会的"危险"早已不限于这些，当有人在地铁上外放短视频，亲戚追问工资数额时，我们依然会激活同样的神经机制——仿佛大脑在耳边警告："快逃！"

这一章，我将深入探讨这种矛盾的情绪：为什么有人看到香菜就反胃，有人却甘之如饴？听到指甲刮黑板的声音时，究竟是耳朵还是大脑在难受？了解厌恶背后的逻辑，或许能帮助我们更理性地对待这种"生理级"的情绪反应。

厌恶是什么

1.厌恶的三种表现：情绪、躯体反应、冲动

厌恶是指对某人、某物感到极度反感、不满或厌烦的情绪状态。通常会伴随恶心、胃部不适的身体感受，"令人作呕"很精准地描绘了这种感觉。当人们感觉到厌恶时，会有想要排斥、避开特定对象的冲动。

2.厌恶有四种程度：膈应—反感—嫌恶—憎恶

如图 5-1 所示，厌恶分为初级情绪和升级情绪。

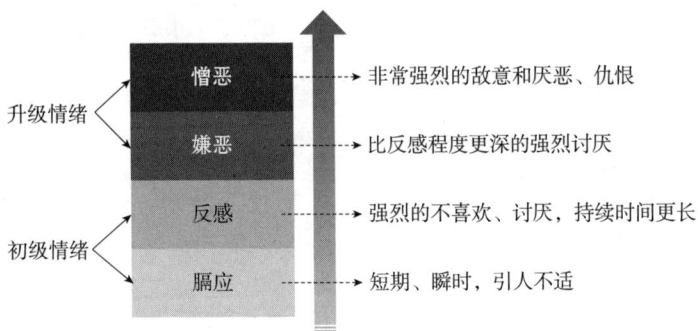

图 5-1   厌恶长什么样

- **膈应**：膈应是对某种物体、行为或触发因素感到讨厌和恶心的情绪。膈应通常是瞬时的，由特定的刺激触发，例如恶臭、污垢、引人不适的画面，或令人反感的食物等。

- **反感**：反感是对某种事物产生强烈的不喜欢或厌恶的情绪，可能是由其性质、特征或关联引起的。反感可以有更长时间的持续性，而且可能不像膈应那样与明确的刺激触发相关。

- **嫌恶**：嫌恶是一种对某物或某人感到强烈的不喜欢、不感兴趣或反感的情绪。

- **憎恶**：憎恶是一种非常强烈的敌意和厌憎，通常与对某人、某个群体或某个概念的极度不满和愤怒相关。憎恶常常与仇恨、敌意等情绪相关，通常具有更强烈的情感体验和消极行为的倾向。

3.常见的厌恶源：生理VS社会

人类通常会对哪些事物感到厌恶？研究表明，人们的厌恶情绪分为先天和后天。有些事物人们天然就会对它们产生排斥，由这些事物引发的厌恶情绪，就是我们常说的"生理性厌恶"；而另外一些令人厌恶的事物则是通过社会文化、家庭教育等后天习得的，比如插队、随地吐痰、乱停车、在非机动车逆行、电影院喧哗等，可以被称为"社会性厌恶"。

当然，还有一些事物是掺杂了生理性厌恶和社会性厌恶的，两者兼具。让我们来看看，人们通常会对哪些事物感到厌恶吧。

（1）**动物类**：某些动物，如蜘蛛、蟑螂、老鼠、毛毛虫、蛇、蜈蚣等。

（2）**不卫生类**：人们普遍对恶臭感到厌恶，如垃圾、腐烂食物等；与疾病相关的症状、细菌和病毒通常会引起人们的厌恶和恐惧；人们通常对污秽、杂乱的环境感到厌恶；不礼貌或不卫生的行为也让人反感。

（3）**血腥暴力类**：暴力、欺凌、虐待动物的残酷行为以及战争等人类造成的伤害和痛苦会引起人们的强烈反感。

（4）**不道德类**：当人们发现他人虚伪、欺骗或背叛时，通常会感到厌恶。违反道德和伦理价值观的行为，如腐败、贪污等，也会引起人们的反感。

（5）**边界入侵类**：如果人们的边界被入侵了，就会很自然地维护自己的边界，排斥那些闯进来打扰我们的事物。例如在火车上本来想要补一会儿觉，旁边的孩子却一直吵个不停，孩子的父母也不作为；邻居总把杂物堆在公共走廊里。

（6）**偏见与歧视**：有些厌恶反应可能来自社会偏见和刻板印象，例如人们可能会对不同种族、不同肤色、不同地域的人产生膈应或是反感的情绪。

（7）**工作学习类**：人们不一定能时时刻刻热爱自己的专业和工作，当学习或工作一段时间后，我们很容易产生厌烦或腻烦的情绪，如果不能和学习工作时产生的厌烦情绪共处，我们很容易被厌烦操纵，导致拖延。

为什么会厌恶

1.数百万年前：厌恶情绪曾帮助祖先成功地活了下来

你在上学时，有没有听到过指甲挠黑板的声音？那种刺耳尖锐的声音，让我们汗毛直立，浑身起鸡皮疙瘩，我们捂住耳朵不去听，甚至想要离开教室。为什么我们十分排斥这种声音？进化心理学家给出的解释是，指甲抓挠黑板的声音，和狼啃食骨肉的声音极其相似，这种情境十分危险。我们人类祖先需要对这种声音十分敏感，才能快速引起警惕，及时远离危险。经历了数千万年的演化，我们可能早已接触不到狼和老虎，但那种危险的声音却留在了我们的基因中。

在漫长的进化历程中，有一部分人对恶臭、污垢、血腥存在厌恶反应，他们对这些事物感到恶心，并排斥躲开，最终成功地生存了下来，从而成了我们的祖先。我们同祖先一样，对这些事物天然地感到反感和厌恶。我们普遍对蜘蛛、蛇、蟑螂感到厌恶，也是类似的道理。换句话说，对某些事物存在厌恶的情绪，是很有意义的，这可以帮助我们警觉危险。再换句话说，没有厌恶，就没有今天的我们。

这种进化来的厌恶反应有时会继续帮助我们远离危险，但有时也会反应过度，干扰我们的生活。就拿指甲挠黑板来举例，站在感性的角度，我们仍然会对这种声音感到十分不适，但站在理性的角度想想，这件事并不会威胁到我们的生命，我们的这种厌恶反应完全没必要。

2. 数十年前：社会环境塑造了我们的厌恶观

社会文化、家庭教育、新闻传媒、同辈影响，这些都有可能塑造我们对待不同群体的态度，耳濡目染地形成对某些群体的偏见，从而使我们先入为主地对某些人感到厌恶。

（1）**社会文化**。社会文化对个人的价值观和行为模式有着深远的影响。在一个特定的社会文化环境中，某些观念、行为或群体可能被定义为社会不良或不受欢迎的。当个人接受了这种社会文化的价值观时，他们可能会对与之相悖的事物产生厌恶情绪。

（2）**家庭教育**。家庭是个人最早接受教育和塑造价值观的地方。家庭教育方式和家庭成员的态度会对个人的喜好和厌恶产生重要影响。如果一个人在成长过程中受到了负面或偏见的教育，他们可能会对某些人或事物抱有偏见和厌恶。家庭向孩子传递着各种信息——和谁交朋友、如何对待陌生人、不应该信任谁。孩子可能当时并不认同自己的父母，但在长大成人后才慢慢发现，其实自己的无意识中潜藏着对这类人的贬低和不屑。

（3）**新闻传媒**。新闻传媒是社会意识形态和观念传播的重要渠道，它可以塑造公众对特定人群、事件或观点的态度。当新闻传媒过于强调某种负面或偏见的信息时，人们可能会受到影响并对相关对象产生厌恶情绪。

（4）**同辈影响**。同龄人在个人成长中起着重要作用，他们对个人的看法和态度有着很大的影响力。如果一个人所处的同辈群体普遍对某个人、群体或现象表达厌恶情绪，这种态度可能会通过社交影响力传递给这个人，进而使其同样产生厌恶情绪。在学校里，一个小圈子的同学对某个学生进行霸凌，并公开表达对他的厌恶情绪。随着其他同学的加入，这种厌恶情绪逐渐扩散，就会对该学生造成心理和社交困扰。

3. 几秒钟之前：脑岛的双管齐下

恶臭腐败的气味通常会令人作呕，但你可能也听过，有些人对极端不道德的人也会感到恶心。为什么我们对难闻的东西和不道德的人都可以产生类似的"恶心"的感觉？为什么食物变质和政治贪污都可以被叫作"腐败"？这也许并非巧合。心理学研究表明，原来这两者都会激活一个相同的脑区：脑岛。

如图5-2所示，脑岛是大脑皮层的一个区域，位于中央沟和侧裂之间。一方面，脑岛与恶心之间存在密切的关系。研究表明，脑岛与味觉和嗅觉信息的处理有关。当我们接收到不愉快或有害的味道或气味刺激时，脑岛参与了对这些刺激的编码和情感评估，从而可能引发恶心感觉。另一方面，脑岛与道德推理也存在密切的关系。脑岛在道德决策和道德判断中发挥着重要的角色。脑岛参与了对他人情绪和心理状态的感知和理解，以及自我意识和自我反省等过程。它还与道德情感和道德推理相关，可以影响人们对道德问题的态度和行为。

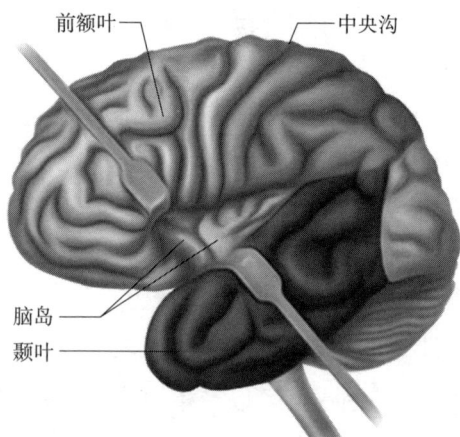

图 5-2　大脑半球图示

换句话说，当我们的大脑判断出哪些行为是不道德的，我们便更倾向于感到厌恶、反感甚至恶心，进而去批判它们、谴责它们、不与它们为伍，这一系列操作，都多亏了我们的脑岛。

如何应对厌恶

现在，你已经对厌恶情绪有了更深入的认识：厌恶情绪源于千百万年的进化，又在我们的成长经历中被环境所塑造，最后，我们的大脑被设计为对恶臭与道德败坏感到厌恶和排斥。可以看出，厌恶情绪是有意义的、有帮助的，这体现在如下几个方面：

- 厌恶情绪提醒我们，危险的、不卫生的、有损身体健康的事物正在接近，请快快远离。
- 厌恶情绪提醒我们，身边有道德败坏的人出现了，为了不被伤害，请谴责他，或请快快远离。
- 厌恶情绪提醒我们，身边有侵犯我们边界和领地的人出现了，请捍卫自己的领地。
- 厌恶情绪提醒我们，我们正在做一些违背自己真实意愿的事情，请关注自己此时此刻的真实需要。

厌恶情绪判断正确，会帮助我们成功避开危险。然而有时候厌恶情绪会跑出来帮倒忙，对当下是否应该厌恶产生误判。本来没有危险的事物，我们一味地去厌恶它，这有可能会缩窄我们丰富的人生体验，丧失很多机会，甚至让无辜的人感到委屈和莫名其妙。对于这些不合时宜的厌恶，我们如何与它共处呢？这要分情况讨论。

1. 动物类：温和地逐级暴露

逐级暴露是一种心理治疗方法，可以帮助人们缓解克服对某些事物的恐惧和厌恶。它基于一个重要原理：通过逐渐面对厌恶的情境，我们可以减少对其的厌恶反应并恢复正常生活。当然，这种疗法适用于专业的治疗情境（当厌恶感已经对你的正常生活造成了困扰时，需要介入治疗，一般情况下，我们是可以与厌恶的对象共存的），在这本书中，你将会得到一份经过改良的、适合普通人的自助指南。

逐级暴露主要有如下几步。

（1）确定厌恶对象：可能是蜘蛛、老鼠、狗等。

（2）制订厌恶梯度：将厌恶对象分成不同的层次，从最容易处理的开始，到最具挑战性的，然后补充中间等级。例如你觉得听到幼犬叫是最容易接受的，而把狗抱在怀中是最具挑战性的，那么这两种活动就分别对应1分和10分。然后你可以根据自己的实际情况，按照难度将中间的几项补齐，以下是一个示例。

- 1级：在手机中听幼犬叫
- 2级：在手机中听中型犬吠
- 3级：在手机中观看中型犬图片
- 4级：在手机中观看中型犬视频

- 5 级：隔着笼子听真实的中型犬吠
- 6 级：隔着笼子观看中型犬
- 7 级：去朋友家，与抱着狗的朋友坐一起
- 8 级：去朋友家，摸摸朋友怀中的狗
- 9 级：去朋友家，在朋友的保护下抱狗
- 10 级：去朋友家，独自抱狗

（3）按照厌恶梯度，逐级进行接触。注意，你在进行到某一级时，需要完全地放松，没有太大情绪起伏时再进入下一等级。

（4）深度放松练习：在面对恐惧对象之前，学习和实践深度放松技巧以减少焦虑感。

（5）注意事项。

- **寻求专业指导**。系统暴露疗法通常由经验丰富的心理治疗师指导。在开始此过程之前，建议寻求专业人士的帮助和指导。
- **逐渐增加难度**。在逐渐暴露于恐惧对象时，确保按照预先确定的层级逐步增加挑战程度。这有助于避免过度的压力和情绪负荷。
- **自我关怀和支持**。面对恐惧对象时，保持积极的态度并给予自己足够的安慰和支持。认识到这是一个挑战性的过程，并且每一步都是向战

胜恐惧迈进的重要一步。

- **持之以恒**。系统暴露疗法需要时间和耐心。不要放弃，坚持按照治疗计划进行，并相信自己能够逐渐克服恐惧。

2.刻板印象类：增加安全接触

有些厌恶反应可能来自社会偏见和刻板印象，例如人们可能会对不同种族、不同肤色、不同地域的人产生膈应或是反感的情绪。"地图炮"在网络上的传播，可能会加剧人们在日常生活中，对某些地域人群的偏见。

面对形形色色的与我们不同的人群，我们唯一能做的就是在保证安全的前提下，与他们多接触。比如主动与自己背景和观点不同的人交往，积极参与跨文化活动、社区项目或志愿工作等。

打破信息茧房，接触各种媒体和信息来源，包括不同立场和文化背景的观点，以避免陷入单一思维模式。

3.边界入侵类：找回被讨厌的勇气

前面提到，如果我们的边界被入侵了，就会很自然地维护自己的边界，排斥那些闯进来打扰我们的事物。如果你不主动维护自己的边界，那就会一再地被侵犯，一再地被困扰。

案例 不想被讨厌的柳青

柳青是一名外贸公司职员。

最近发生了一件让柳青感到尴尬又厌恶的事情。

在情人节那天，柳青收到了一束花，上面写着她的名字。起初她以为是朋友送来的，但当她看到花束附带的卡片时，才发现落款是一个同事的名字。她感到有点儿吃惊，因为她之前明确地告诉过他，自己不想开始任何感情关系，而她与他的交流也仅仅是同事之间的，她对他没有任何其他好感。

让她感到不悦的是，在那之后，他还继续通过微信联系她，问她是否收到了花，以及是否对花感到满意。她感到非常尴尬和困扰，因为她从没有对他表示过任何积极的回应，却仍然被他纠缠。更让她难堪的是，他的心意被很多同事知道了，公司里甚至谣传她是他的女朋友。

在这个案例中，很明显那个男同事把"不严词拒绝"当成了一种接受，他并没有意识到自己的行为对柳青已经产生了困扰。这时柳青需要做的，就不仅仅是"不积极回应"这种程度了,而是要树立起明确的边界,要明确告诉他,她对他只是同事的情谊,并没有更多,请他以后不要再过度地表达心意了,否则会对她造成困扰。

在边界入侵类的案例中,很多人都是因为"不想让别人产生不好的感受",而选择退后一步"宁愿自己难受着",这其实是避免人际冲突的一种倾向,但现实的情况是,人们需要更多"被讨厌的勇气",不要为了维护在他人心中的良好印象而选择模糊掉自己的边界。"说不"以及"被讨厌",是一种每个人必备的能力,它没有什么不好,反而有时它能让你的生活变得简单很多。

4.工作学习类:多场景介入法

当我们面对一项枯燥乏味的工作或学习任务却不得不做时,厌恶和反感就会溜出来,拖延我们的进度。这时,利用多场景介入法,可以让你更自如地从这种想法中脱离出来,更好地完成当下的任务。

多场景介入法的原理是:激活大脑不同区域,才能让大脑得到真正的休息。

总活在同一个舒适区里,往往限制了我们的视野和体验。我们习惯了用相同的方式看待问题,重复相同的行为,和相同的人相处,甚至食用相同的食物。我们陷入了旧有的思维模式中，如同固有的操作系统，变得不够灵活，不再具备流动性。

然而，要真正放松，我们就需要激活不同的脑区。这意味着要摆脱过去的限制，以新的思维模式思考，采用新的反应机制，以全新的视角审视问题。我们可以试着去体验从未尝试过的事情，去追求过去一直想做却未敢做的事情。比如，如果你从未尝试过跳舞，不妨今天尝试跳一支舞；如果你从未开口唱歌，那今天可以大胆唱出自己的声音；如果你从未独自外出用餐过，那今天可以挑战一个人的餐厅时光；如果你从未品尝过某种食物，那今天可以尝试一下；如果你很少关注他人，很少夸赞他们，那今天可以试着关心别人，发现并夸赞他们的优点……

不要将自己局限在一成不变的思维模式和生活习惯之中。要在今天做点儿与众不同的事情，切换脑区，完全沉浸在不一样的体验中。通过采用全新的思维模式，改变神经回路，用全然不同的角度审视问题。唯有切换不同的脑区，我们才能真正解放自己，感受到新的愉悦，发现全新的答案。

案例　对工作生厌的小米

在一个安静的小镇上，住着一个名叫小米的

年轻人。她每天早上都会迈着犹豫的步伐走进办公室。她的工作虽然稳定，但让她感到枯燥和厌恶。每当她坐在那张灰色的办公桌前，她就觉得时间仿佛凝固了。

然而，小米并不是一个甘于被困的人。她知道自己不能让工作的枯燥和厌恶占据生活的全部。于是，她开始寻找方法来改变这种状态。

第一周，她尝试了与同事们建立更亲近的关系。她开始在午餐时间和同事们聊天，分享彼此的兴趣爱好，发现了一些共同话题。这种交流不仅让工作变得更有趣，还增强了她的归属感。

第二周，小米决定给自己设定小目标。她把每天的工作任务分成一小段一小段，每完成一段就给自己一点儿小奖励，比如喝一杯咖啡、吃一块点心，这让她有一种满足感。这种分阶段的完成感让她觉得工作不再那么沉闷，而是有了一些成就感。

此外，小米也开始探索自己的兴趣。她利用业余时间学习绘画，参加健身课程，去附近的自然公园散步，还开始自学摄影，把拍的一些照片分享到朋友圈后得到了很多人的好评。这些兴趣不仅为她的生活增添了乐趣，还让她更加期待每天早晨的醒来。

最重要的是，这段时间的改变让她明白，保持积极的心态比什么都重要。她试着将工作中的枯燥当作一种挑战，通过解决问题和寻找新方法来提升自己。她告诉自己，每一份工作都有它的价值和意义，只要她愿意去发现。

随着时间的推移，小米发现自己的生活变得更加多彩和有趣。她不再被工作的枯燥和厌恶所束缚，而是用积极的心态面对一切。她明白，人生中总会有一些不如意的时刻，但关键在于如何应对和改变自己的态度。通过自己点滴的努力，她亲手创造了充满了活力和希望的生活。

厌恶不是病，是自然反应，通常情况下不需要干预，因为最简单的方式就是"远离厌恶源"，也就是我们俗话说的"眼不见为净""惹不起我还躲不起吗"，更深一点儿的意义在于，如果我们厌恶的东西和人多了，那么我们可能会生活在诸多痛苦之中，当我们的心每宽一分，我们看得顺眼的事物每多一件，我们自己的生活就会更顺遂圆满。

亲爱的你：

希望这封信能够带给你一份宁静与欢乐。愿你的心宽如海，包容着世间的种种，让烦恼随风而去。愿你的眼神温柔、视野宽广，看到美好，看到希望，看到每一天的阳光。

生活中难免会有风雨荆棘，但愿你能像茁壮的树木，深深扎根于土地，面对风雨坚韧不拔。愿你的生活充满幸福，像是一幅绚丽的画卷，记录着欢笑和温馨的瞬间。

无论遇到什么挑战，都相信自己的能力。在忙碌中，不要忘记休息和放松，给自己的心灵一个喘息的空间。愿你与家人朋友能分享温暖，而自己能独享宁静。

愿你的每一天都充满希望，愿你的人生越来越美满幸福。祝福你心宽、眼阔，笑口常开！

第 6 章

放过自己
摆脱有害愧疚

　　我们每个人都经历不同的愧疚感，这并不陌生的情绪常常让我们感到难受和对自己的不满。

　　可能是一次考试失利，让你感到内疚和自责，认为自己没有做到最好，没有达到自己和他人的期望。

　　可能是总希望帮助别人的你，有一次忙于自己的工作，没有及时回复朋友发来的消息。尽管已经道歉，但你仍然感到内疚，认为自己没有做到应该做的事情，让别人失望了。

　　可能是你原本承诺会提前结束工作回家，但工作突然变得异常繁忙。当你终于拖着疲惫的身体回到家时，发现家人已经吃完晚餐了。他们虽然没有责怪你，但你从他们失望的眼神中感受到了深深的愧疚，意识到自己在家庭和工作之间的平衡上做得不够好。

可能是一次团队项目中出现了错误，即使这个错误的产生并不是你的责任。你可能会感到内疚，认为如果你做得更好，这个错误可能不会发生。

可能是在一次面试中没有得到工作，你会感到内疚和自责，认为自己没有表现出足够的能力或吸引力，即使这个结果可能与你的能力无关。

可能是你的祖母年事已高，需要家人的陪伴和照顾。然而，由于工作繁忙和生活的压力，你很少有时间回家看望她。每次打电话给她时，都能感受到她对你的思念和期待。有一天，你得知祖母因为生病住院了，而你却没有在她身边照顾她。那一刻，你心中充满了愧疚和悔恨，意识到自己对家人的关爱和陪伴远远不够。

或者，你认为自己必须达到某种标准才能被接受和喜爱，否则你会内疚和自责，认为自己不值得被爱。

过度的愧疚可能会导致不良的情绪和心理问题，因此我们需要学会处理这些情绪并找到积极的方式来应对它们。

愧疚是什么

愧疚的概念

- 愧疚是一种复杂的情感体验，它通常源于个体认识到自己的行为或决策对某对象造成了伤害，或与某种道德标准、期望或承诺相悖。

- 愧疚不仅仅是一种内心的痛苦或不安，它还伴随着一种想要弥补过失、修复关系或改正错误的强烈愿望。这种情感驱动着个体去采取行动，以减轻内心的负担并恢复与他人的和谐关系。

- 愧疚与我们的道德体系相关，是在进化过程中发展而来的，它促使我们保持文明而形成的价值观，是人类道德感和社会责任感的重要体现。从这个角度看，愧疚有时可以成为我们的向导，它促使我们在日常生活中更加谨慎地行事，尊重他人的感受和权益，遵守社会规范和道德准则。愧疚同时也是个人成长和发展的重要动力之一，它帮助我们认识到自己的不足和错误，并激励我们不断学习和进步。

- 愧疚是对自己过去的行为或决策所产生的负面后果的认知和反思，是当我们觉得自己做错了事时，内心就会涌起的感觉。它是一种与自我意识相关的情绪，伴随着一种内心的痛苦、不安和自责，以及对受害者的同情和想要弥补过失的强烈愿望。它促使个体反思自己的行为，并思考如何采取行动来修复受损的关系或减轻受害者的痛苦。

愧疚的特征

愧疚的特征可以从多个方面来阐述，主要包括心理感受、行为表现以及情感反应等方面。

1. 心理感受

- 自责与否定：愧疚的人往往对自己的行为或决策持有强烈的自责和否定态度，他们会反复思考自己的过错，并对自己进行批评和责备。
- 焦虑与懊悔：愧疚感伴随着深深的焦虑和懊悔，个体会因为自己的行为或决策带来的负面后果而感到不安和痛苦。
- 渴望弥补：愧疚感驱动个体产生强烈的弥补愿望，他们希望能够通过某种方式来修复受损的关系或减轻受害者的痛苦。

2.行为表现

- 回避与逃避：为了减轻内心的痛苦和不安，愧疚的人可能会选择回避与受害者的接触，或者逃避面对自己的过错。
- 主动道歉与补偿：有些愧疚的人可能会主动向受害者道歉，并尝试通过实际行动来弥补自己的过失，如赔偿损失、提供帮助等。
- 身体反应：愧疚还可能导致个体出现一些身体反应，如脸红、出汗、心跳加速等，这些反应是心理压力在身体上的体现。

3.情感反应

- 情感波动：愧疚会使个体的情感产生剧烈的波动，他们可能会时而感到深深的自责和痛苦，时而又试图通过积极的行动来减轻这种负担。
- 情感压抑与爆发：在某些情况下，愧疚可能会被个体压抑在心底，导致他们表现出沉默寡言、情绪低落等状态；而在另一些情况下，愧疚可能会以激烈的方式爆发出来，如哭泣、愤怒等。

4.总体特征

- 愧疚是一种复杂的情感体验，它包含了自责、焦虑、懊悔、渴望弥补等多种心理成分。在行为上，愧疚的人可能会表现出回避、逃避或主动道歉与补偿等不同的反应。同时，愧疚还可能导致个体出现身体反应和情感波动等特征。这些特征共同构成了愧疚感的独特表现形式。

- 需要注意的是，人的愧疚体验可能因个体差异而有所不同。有些人可能更容易产生愧疚感，而另一些人则可能相对较为淡漠。此外，愧疚也可能受到文化、社会背景等因素的影响而表现出不同的特点。愧疚这种情绪与社会关系高度相关：它被认为具有重要的人际功能，尽管愧疚是一种"消极"的感觉，但它鼓励修复有价值的关系并阻止可能损害关系的行为，这样做有助于维护社会关系并避免对他人造成伤害。例如，它可以提供强烈的动机去道歉、纠正或弥补错误。但过度的愧疚可能会使人长时间沉浸在愧疚情绪中无法自拔，导致自尊心受损、自信心下降、焦虑、抑郁等心理问题，进一步导致社交退缩和疏远。

愧疚的连续情绪反应

如图 6-1 所示，愧疚分为初级情绪和升级情绪。

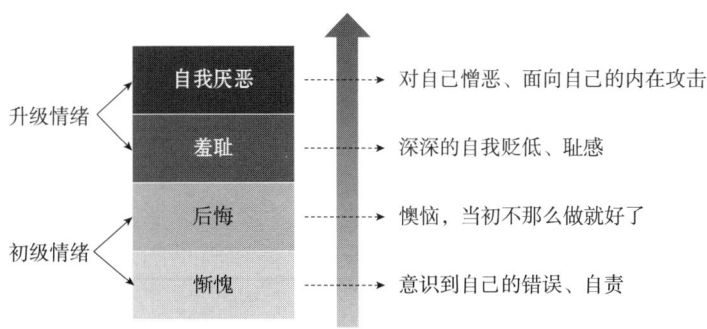

图 6-1　愧疚长什么样

（1）惭愧的一个常见后果就是后悔。通常发生在个体意识到自己的决策、行为或选择可能带来了不希望的、负面的结果或影响时。后悔涉及对过去事件的重新评估，以及对如果当初做出不同选择可能会带来的更好结果的想象。后悔是对惭愧的自然而健康的反应，虽然是一种负面情感，但是通过后悔，个体可以从中吸取教训，反思自己的行为模式，并努力改进自己。因此，在面对后悔时，重要的是要学会接受它、理解它，并从中找到成长和进步的机会。因此，后悔也具有一定的积极意义。因此，后悔并不一定是坏事——除非它导致羞耻。

（2）愧疚相关的焦虑和痛苦容易引发更深刻的情

感体验——羞耻。羞耻感通常与自我否定、自我厌恶和自我批评等问题相关联，可能会带来压力性的悔恨，并演变为社交退缩、抑郁、偏执猜疑等。在人际关系中，羞耻感可能使个体难以建立信任、表达自我或寻求支持。

（3）过度的愧疚可能使个体对自己持有强烈的负面评价，不仅涉及对自己行为的批评，更是指向自己整个人的否定和贬低，认为自己不配得到幸福和满足的生活，进而产生自我厌恶的情绪。

健康的愧疚感和不健康的愧疚感

1. 健康的愧疚感

愧疚本身并不是敌人。健康的愧疚感是指个体在意识到自己的行为或决策可能对他人或自己造成负面影响时，产生的一种适度的、建设性的情感反应。这种情感反应能够激发个体采取积极的行动来弥补过失、修复关系或改进自我。健康的愧疚感是与他人过有意义、有联系的生活的必要组成部分。

- 促进反思：健康的愧疚感促使个体深刻反思自

己的行为、决策和动机，从而更清晰地认识到自己的优点和不足。有感到适当愧疚的能力表明我们有强大的内心指南针，可以提醒我们想成为谁，并促进有利于自尊和心理整合的选择，从而解决内心冲突。

- 激发积极行动：健康的愧疚感能够激发个体采取积极的行动来弥补过失、修复关系或改进自我，从而推动个人成长和发展，有利于我们保持健康的社交关系。例如当我们冤枉了某人时，它可以帮助我们看到自己的错误，鼓励我们采取措施做出弥补和改进。

- 增强责任感：通过体验愧疚感，个体能够更加明确自己的责任和义务，增强对他人和社会的责任感。具有健康愧疚感的人更有可能表现出亲社会行为和对他人的同理心。

案例 冤枉同事的李娜

李娜是某科技公司的项目经理，负责一个紧急的客户项目。在某个重要的节点，她发现了一个严重的错误，但由于时间的压力和自身的紧张，她匆忙地认定是她的同事张晓峰在其中疏忽导致的。

　　李娜当时毫不犹豫地向她的主管报告了这个错误，并将错误归咎于张晓峰。在团队会议上，她公开提到了这个问题，并认为张晓峰的疏忽可能是导致问题的根本原因。这种决断在当时似乎是理所当然的，因为项目进度非常紧迫，她没有太多时间去核实每一个细节。

　　然而，过了几天，李娜回忆起某些细节，开始对事情产生了怀疑。她重新检查了项目的文件和沟通记录，发现了一些之前忽略的细节。通过进一步的调查，她才发现这个错误并非张晓峰造成，而是她自己在紧急情况下做出的错误判断。在那段时间里，张晓峰并没有说什么，只是情绪很低落，不愿跟她多说话。当她逐渐弄清楚真相时，内心充满了对他的愧疚和歉意。

　　李娜决定采取行动，为她的错误道歉。她约了张晓峰出去吃午饭，当面向他坦白了整个事情的经过。她承认自己在情况紧迫时做出了错误的判断，错误地指责了他。张晓峰听李娜解释时表现得非常冷静和理解，没有责怪她，反而劝解她不必太过自责。

　　李娜对张晓峰的宽容和理解非常感激。他告诉她，每个人都会犯错，关键是能够勇于承认并纠正。他们一起协作，纠正了之前的错误，向团队坦诚地解释了事情的真相。这个经历让李娜深刻认识到，决策时的冷静和谨慎有多么重要。

2. 不健康的愧疚感

当愧疚过度或不恰当时，它就会变得不健康。不健康的愧疚感是一种基于身份而非具体行为的情感反应。它使个体因为自己的某种身份特质、过去的错误或无法控制的情况而持续感到内疚，即便这些情况已经过去或并非其所能控制。这种愧疚感往往缺乏合理性，且难以通过积极的行动来减轻。

- 当我们对超出控制范围的事情、我们没有造成的伤害、已经修正的行为或不需要道歉的事情承担责任时，就会产生不健康的愧疚感。
- 不健康的愧疚感也可能以健康的愧疚感开始，当我们进行过度的自责，甚至为了缓解愧疚感，采取自我惩罚的行为，且始终无法原谅自己过去的错误时，健康的愧疚感就会变得不健康，导致压倒性的自我鞭挞和自我批评。

案例　郁结难消的老林

老林是一名普通职员。

老林在家里一直负责家庭的主要经济收入。每天，他努力工作，尽最大努力保障家庭的经济稳定。然而，最近一段时间，一系列的外部因素让他感到有些束手无策，单位效益不好开始降薪，福利待遇也没往年好了。尽管这些困境并非老林个人造成的，但他发现自己陷入了一种挥之不去的愧疚感之中。

每个夜晚，当家人入睡后，老林常常坐在沙发上默默思考。他开始反思自己在家庭收入方面的作为，他总在想，如果年轻的时候更拼一些，不去贪图安稳，是否能够做得更好，是否能够规避现在遇到的这些问题。这些问题在脑海中回荡，不断地告诉他，他没有尽到一家之主应尽的责任。

女儿大学刚毕业，还没找到稳定的工作，每次看到孩子在成长过程中的需求，老林内心都会有一种无法言喻的难过。他想为她提供更好的条件，想让她有一份体面的工作，却帮不上忙；他想给她买房子，让她生活压力小一点儿，可

他的积蓄却不够给她付首付；老婆有腰椎间盘突
出的毛病，打听了一下较好的微创融合手术的
费用至少 5 万以上，她觉得贵舍不得去做……
眼前的一切让老林感到力不从心，深深的自责
萦绕着他，吃不香、睡不好，焦虑失眠，郁结
难消。

写到这里我真的很心疼，老林是一个非常有责任心的
男人，而过度的愧疚却让他背上了沉重的精神负担，这种
不良的情绪长期积压会导致身体的疾病，这是我们都不愿
看到的，在我们身边，有千千万万个老林。

3. 以上两种愧疚感之间的主要区别

愧疚健康与否主要根据愧疚的来源和强度来判断。

- 健康的愧疚感是对错误行为的自然而适当的反
  应，而不健康的愧疚感是基于身份而非行为的
  过度的、错误的责任感，或者在健康的愧疚之
  后缺乏自我宽恕。
- 区别于健康的愧疚感，不健康的愧疚感不是由
  内而外自然而生的，是来自焦虑驱动、社会角
  色期望或他人的强加，这会引发潜在的内心冲
  突和自我怀疑，让人们深陷其中。这种针对自

我的而非行为的认知，会不断强化"我不行，
我不好"的不配得感。

人际互动中不健康愧疚感的来源及应对

我们感受到的不健康的愧疚感，常在人际互动中发生。
它进一步会形成一种固定的人际动态模式，这种模式会不
断消耗你的积极能量。

有时最感到愧疚的人通常是最没有理由感到愧疚的人。

五类常见愧疚

1.情感忽视愧疚

愧疚植根于思维模式。如果你认为个人产生情绪是不
好的事情，你可能会因为拥有情绪而感到愧疚。这种产生
情感忽视的人可能会因为直言不讳、寻求帮助或有需求而
感到愧疚。

《被嫌弃的松子的一生》中热情、美丽、善良、毫无保
留、拼尽全力的松子，一次次被辜负，留下一句"生而为人，
我很抱歉"就悄无声息地离去了。松子总是无条件地迎合
他人，而把自己的需求放在首位会让她感到愧疚，背负着

深深的羞耻感活在世界上。

这份羞耻感受到童年时期被父母忽视的影响。当父母养育阶段未能满足你的情感需求时，你的感受被视为不存在——看不见、不受欢迎或无关紧要。你会逐渐将自己的感受视为一种麻烦，你会开始忽视、压抑并向自己和他人隐藏自己的情绪。这会让你逐渐形成一种信念：**你的感受并不重要，如果有感受，那是自私的**。情感上被忽视的人非常害怕自私，当有一丝自私的迹象时，愧疚就会浮现出来。

作为一个成年人，原生家庭不能选择，无法改变，但是我们可以选择对自己做出积极的改变。重新解释我们的愧疚并把它放在适当的位置，可以帮助我们克服它。练习三件事来治愈你的情绪压抑带来的愧疚。

三招对付情感忽视愧疚

（1）**第一招：关注并承认你的感受和情感需求**。如果存在愧疚，你可以开始以不同的方式理解它：它本来是试图提醒你改变行为来适应社会、保护自己的信号，但信号出现了问题。不是你做错了事，而是你的感知出现了偏差。当你重新解释你的愧疚感时，你可以把它作为改变的动力。你可以开始努力识别自己的感受和需求，承认和接受你也是有正常感受和需求的人，将其与愧疚分开，这正是治愈童年情绪压抑的第一步。

（2）**第二招：控制自己的负罪感**。学习和练习情绪技能是治愈童年情绪压抑的一部分。在这个过程中，你可能会认为这些基本需求有许多是自私的，罪恶感就会出现——当然，这是错误的。请记住，尽管有罪恶感，你仍要继续练习表达自己的感受。

（3）**第三招：向他人表达你的感受、需求、愿望**。开始向你的伴侣、朋友甚至孩子表达你的感受，练习与你的父母设定更严格的界线，并开始向朋友寻求帮助。你可能会收到强烈的反对或困惑的反应，你所爱的人可能不习惯与你进行此类互动，并且愧疚可能会滚滚而来，但请你不要停止。

童年情绪压抑的治愈并不是一个线性的过程。当愧疚感出现时，你的低谷可能会感觉更强烈，更难以克服。请记住，了解自己的感受、优先考虑自己的需求并为自己辩护是值得感到骄傲的事情，这根本没有任何需要愧疚的地方。

2.万能责任感愧疚

你因为没有做你应该做的事情而感到愧疚，它代表你内心有一种信念，即：一个人有责任和义务让所爱的人幸福，应该把"让身边的人幸福"放在第一位，从而导致你认为将自己的需求放在首位意味着自私。万能的责任愧疚与依恋焦虑有关，即为了与被照顾者保持足够好的关系而必须照顾他们。

案例 太有责任感的大美

大美是一名"海归"的公司文职。

大美是一个十分有责任感的人。她经常会为了满足他人的需求和期望，而放弃自己的时间和利益。比如，大美在国外留学时为了体现中国留学生的良好形象，总是十分热情地和同学相处，其中一位印度男生，总爱跟大美天南海北地聊天，大美每次都积极响应他的谈话。结果男生误会了大美，以为大美很喜欢他，并跟大美表白，大美出于对中国留学生形象的顾虑，当时甚至开始考虑是否接受印度男生的表白。回想起来真是好笑，但当时她就是有种莫名的责任感。

在工作中，大美经常加班处理同事的工作，即使她没有完成自己的任务。她还会为了照顾家人和朋友，放弃自己的休息和娱乐时间。其实这些常常让大美感到十分疲惫，但为了避免自己产生愧疚而从不拒绝。

这就是因为"万能责任感"而生的不健康的愧疚。

长此以往，对所有人负责的行为和想法会让人感到沮丧和焦虑，甚至会影响到自我评价，让人难以摆脱负面情绪的困扰。追溯愧疚信念的来源，你才可以更好地跟自己和解。

三招对付万能责任感愧疚

（1）**第一招：急于行动前先停下来。** 比如家庭聚餐，你的伴侣觉得你准备的餐具不是很合适。但在你急于下单临时买餐具之前请先停下来一下，不用事事完美，你可以"直接说不"，以这样的方式让你的伴侣知道你希望聚会顺利进行。相比起融洽的聊天和可口的食物，餐具的选择可能在优先事项列表中排在很靠后的位置，让他知道，此刻你认为什么最重要。

（2）**第二招：问自己，不断满足他人的信念源自何处？** 你还可以利用这样的情况来复盘，问自己："驱使你下意识追求完美以满足他人需求的信念源自何处？你是否一直坚持认为你应该让他们快乐？你是否记得一次具体的事件，你觉得自己为他们做了足够多的事情，却被批评为自私和懒惰？"

（3）**第三招：重塑信念**。童年时期，在不断受到指责的情况下，人们很容易接受愧疚作为情感现状的一部分。满足他人的需求是一个值得称赞的目标，但同样重要的是允许自己享受满足感。如果你不断地说"不"，你会逐渐拥有一个新的信念：我不可能满足所有人的需求，我值得被自己更好地珍视。

3.分手愧疚

"我总是和前任分分合合，这次我想彻底结束这段关系，我该怎么办？"

有时候感情往往无法如设想的一样长久，一段关系的结束总是痛苦的，但当你加上愧疚感时，这个过程就会变得难以承受。你可能会觉得是你的原因导致分手，或者你本可以采取更多措施来挽救这段关系。重要的是，关系结束的原因有很多，但这不是一个人的错。

在分手愧疚的情境中，往往做出分手决策的人是被愧疚感折磨得最深的人。

我们并不鼓励轻易分手，我们鼓励珍惜每一段情感，以下是仅针对"明明自己早就觉得应该分开，却因为莫名的愧疚感而迟迟不能走出来的人"的建议：如何以健康的方式应对分手愧疚。

三步对付分手愧疚

（1）**第一步：承认你的感受**。第一步是承认你对分手感到愧疚。在尝试下一步之前，验证自己的情绪很重要。与朋友或家人谈论你的感受，或记录你的想法和情绪。一旦你承认自己有错（错误点：否认自己的分手愧疚感，忽视自己的情绪），你就可以开始解决问题了。

对分手感到愧疚会帮助你深入了解自己，了解自己的缺点，对你的伴侣更加友善，并学习更好的方法来处理你的下一段关系。

（2）**第二步：明确你在分手中扮演的角色**。克服分手愧疚重要的一部分是了解你在分手中扮演的角色，也许有些事情你可以采取不同的做法。尝试了解哪些因素导致你想分手。是因为缺少联系吗？是因为关系不够亲密吗？当你和伴侣在一起时，你是否觉得自己失去了个性？有没有不忠的情况？你渴望和比你的伴侣更优秀的人在一起吗？

一旦你明确了与伴侣分手的原因，你就会明白这些感觉是真实的。维持一段不那么令人满意的关系并不能帮助你自己（或你的伴侣）。到达这个阶段会让你思考你在一段关系中想要什么，以及你愿意为你的下一任伴侣提供什么。虽然你可能会感到愧疚，但了解自己为什么这么做可以帮助你在分手后的旅程中迈出下一步。

（3）第三步：原谅自己。原谅自己是克服分手愧疚的最重要一步。请记住，每个人都会犯错误，而关系的结束有多种原因——通常，这不是一个人的错。努力对爱你的人更友善，同时也对自己更友善。给自己一些时间和空间来治愈，在这个困难的时期对自己温柔一些。

克服愧疚感是重启生活的第一步，沉湎过去并不会改变现实，开始行动才能把握住未来的幸福。

当然，我们知道每一段亲密关系的结束，都有一段深刻的痛苦等待你去穿越，这并不容易，然而，我们每个人正是因为一步步穿越过了这些荆棘之路，才逐渐变得成熟起来，才能够成为更好的人，更懂得爱自己和爱别人。

4. 完美妈妈愧疚

完美妈妈愧疚是指因为觉得自己没有成为一个足够好的妈妈而感到内疚。

它可以有多种形式："我没有花足够的时间陪伴孩子""我不够有耐心、不够有爱心、不够有趣""我没有为孩子提供我们能提供的更好生活"……这样的例子不胜枚举。有些妈妈因"自己不够好"这一信念而挣扎。

尽管越来越多独立女性走出家庭，在职场寻求自我实现，对自我人生价值的定义发生了新的变化，但人们对完美妈妈的观念仍然比较固化。完美妈妈是无私的，没有自己的需求，只为孩子而存在。所谓的妈妈的完美形象经常与妈妈们自己的幸福发生冲突，她们有可能会因为没有成为想象中的妈妈而感到羞耻，并责备自己。

完美妈妈愧疚是建立在我们应该成为谁的想法之上的，而不是我们是谁。从我们还是小女孩的时候起，我们的情感安全、接受和认可就建立在我们应该无私和照顾他人需求的能力之上。我们越善于照顾别人，就越会被人喜欢，这让我们感觉自己很有价值，也让我们喜欢自己。成为妈妈是对我们照顾能力的终极考验；我们能为孩子奉献多少，这是对我们价值的终极考验。

案例 小麦的"完美妈妈人设"

小麦是一名公司人力资源总监，也是两个男孩的妈妈。

暑假，小麦每周都带着孩子们去周末旅行，有时带他们去村里住民宿、吃农家乐，有时带他们爬山短徒步，每一次都花费巨大的精力和成本，但大家其实没有感到那么有趣。两个孩子和老公有时表现得意兴阑珊，她为此感到生气："我做这么多事都是为了谁？""我平时要上班，总加班到晚上九十点，想着周末带孩子们去郊外旅行，结果你们还不领情？""我这么辛苦真是不值得！"

说实话大家可能只是在配合她，没有人想要她安排的这种"完美的家庭生活"。她12岁的大儿子忽然对她说："妈妈，你不用每周都带我们出来玩，天气热，路又远，有时堵车好几个小时，我更愿意在家里玩乐高。"8岁的小儿子附和着嚷嚷："我要看猪猪侠和超人强！"

小麦突然意识到，她所做的这一切，都是为了完成她的脑海里浮现的关于一个好妈妈应该是什么样子的，以及她应该在暑假为孩子们提供什么的假想，而她从来没问过老公和儿子们是否真心喜欢她的安排。

一想到家人们为了不扫她的兴而不反对，都在"配合"她的决定，她就懊恼不已，她决定倒车回家，走出想象的故事，走进真实的生活。

在任何时候，我们都可以走出我们应该成为谁的故事，在那一刻，开始迎接真正的自己。

三招对付完美妈妈愧疚

（1）**第一招：意识到你内心愧疚的声音。** 消除完美妈妈愧疚首先要意识到，你自己是如何因为"应该做到"又"未能做到"而感到愧疚甚至羞耻。注意那些"你还不够好"的想法，以及你内心的"完美妈妈批评者"如何批评你没有成为一个你本不必成为的人。

（2）**第二招：考虑你的需求和幸福。** 当你意识到自己陷入了完美妈妈愧疚的叙述逻辑中，就不要再思考你应该成为谁以及如何成为这样的人，而是考虑你在此时此刻、在这种情况下真正想成为谁。

当你沉浸在完美妈妈愧疚之中时，你就会脱离当下。当你发现你对自己没有成为足够好的妈妈而感到内疚时，告诉你内心的批判者，不要再评价你有什么问题。提醒自己，不断回到当下，你的愿望和需求很重要。

问问自己，在这种情况下怎么照顾到你的需求，怎么对你的幸福有益。如果你重视自己的需求，而不仅仅是孩子的需求，会发生什么？有没有办法既照顾你自己又照顾到你的孩子？

（3）**第三招：练习自我共情。** 成为妈妈是异常困难的，是这个世界上最难的工作。

正视自己的缺点，关注自己做对了的事情，而不仅仅是关注那些你认为做错了的事情。把你不恰当的养育方式当作成长和提醒自己以后更加谨慎的机会，而不是当作评判自己的机会。提醒自己，妈妈和所有其他社会角色一样，都需要不断进步。成为你今天能成为的最好的妈妈，这就是你的目标——尽管你并不完美。

亲爱的你：

　　我想告诉你，天下没有人能成为"完美妈妈"。你所感受到的内疚，是因为你深深地在乎你的孩子，而这份关爱本身就已经让你成了一个伟大的妈妈。

　　每一个微笑、每一个拥抱，都是你和孩子之间珍贵的联结，和孩子一起创造的温馨回忆，这将会是他一生中最珍贵的财富。别太苛求自己，让我们一起放下完美的标准，用爱和耐心来填补那些看似不足的地方。宠爱自己，就像你宠爱孩子一样。你值得释怀，内疚是人性的一部分，但请不要让它束缚你的心灵。

5. 幸存者愧疚

幸存者愧疚是指那些幸免于灾难或悲剧的人在事件

后感到内疚和不安，认为自己幸存下来是不应该的，或者感到自己没有做足够的事情来避免悲剧的发生。他们可能会怨恨自己，会对自己过去的行为和决定感到内疚和自责，认为自己没有做到足够好；会经常感到沮丧、焦虑、愁闷、绝望，等等，难以摆脱负面情绪的困扰。通常他们会减少与他人的交往和社交，因为他们认为自己不配与他人交往，不应该感到幸福。严重的幸存者愧疚容易变成创伤后应激障碍（PTSD）。PTSD 的核心症状有三组，即创伤性再体验症状、回避和麻木类症状、警觉性增高症状。

幸存者愧疚是非理性的，因为它涉及个人对自己无法控制的事件负有责任。例如一个人可能会因为自己在车祸中幸存，而其他人受了致命伤，从而陷入内疚之中，尽管他不是事故的肇事者，也无法控制事故的发生。有些人可能会因为事件发生时不在场，或没有遭受与受害者相同的命运而感到内疚，即使这些情况是他们无法控制的。持有这种信念的人忽视了很多悲剧事件的不可预测性，也就是生命的无常，反而把责任归咎于自己，从而变得不理性。

但即使相关的感受是基于非理性的信念，情绪本身也是非常真实的，也让人遭受着灼烧般的痛苦。鉴于幸存者愧疚和创伤后应激障碍之间的联系，进行专业评估很重要。

这类情绪问题往往需要饱含同情、理解且足够专业的心理咨询来克服。

当你正在与幸存者愧疚做斗争时，你可以告诉自己：

- "我的感觉是合理的。"承认自己的情绪。即使这是非理性的，你的感受也是真实的。
- "悲伤是可以的。"你可以表达悲伤的感受，这是愈合过程中正常且必要的部分。
- "活下来并不是我需要感到愧疚的事情。"你需要明白，生存不是一种选择，当其他人未能幸存时，你却能活下来，这也不是你的错。
- "我已经尽力了。"你在当时的情况下已尽力而为。你对所发生的事情没有责任。
- "寻求专业帮助。"你可能需要与心理咨询师交谈，咨询师可以提供有用的工具和策略来帮助你管理和克服你的痛苦。

亲爱的你：

　　不要让愧疚的阴影将你卷入情绪的旋涡。自我宽恕和接纳是比原谅他人更重要的力量。当我们犯下错误或感到自身力量不足，当生活抛出挑战和困难时，我们需要给予自己支持与鼓励，而不是冷漠与批判。自我关怀是我们战胜消极情绪，从伤感中重新振作的强大动能。我们的改变并不是因为我们的不足，而是因为我们热爱生命，追求幸福。让我们把过去彻底放下，轻装上阵吧！

愿关怀与勇气伴随着你。

第 7 章

孤独不寂寞
与内心做朋友

你或许经历过这样的时刻：周末午后阳光很好，翻遍通讯录却找不到能相约吃饭的人；公司团建时大家笑作一团，你却觉得声音像隔着毛玻璃传过来；深夜胃痛到令你蜷缩时，你发现手机里只有外卖软件在推送消息。这些独自吞咽的寂静，都指向同一种现代人最熟悉的体验——孤独。

孤独感曾是人类维系生存的警报系统。当原始人被部落排斥时，独自面对猛兽和饥寒的死亡风险激增，大脑因此进化出对社交隔离的强烈不适。但在现代社会中，独居反而成为安全的常态，可我们的大脑依旧会因为三天没和人深度交谈就亮起红灯。

本章我们将拆解这种感受：为什么在社交媒体高度

发达的今天，人们反而更容易陷入孤独？独处和孤独究竟有什么区别？那些用来对抗孤独的方法（比如整夜播放着综艺节目当背景音），为何有时让我们更空虚？为何有人因为孤独进入婚姻，却在婚姻中感到更加孤独？当我们重新理解孤独的本质时，或许会发现它并非需要消灭的敌人，它是在提醒我们需要关注自己内心的需求了。

孤独是什么

你是否曾在拥挤的地铁里，或是热闹的聚会上，突然感到一阵莫名的孤独？明明身边有那么多人，可内心却像是被一层透明的屏障隔开，无法与他人真正联结。孤独，尽管在现代社会被频繁讨论，却常常披着一层神秘的面纱。它是与我们每个人都息息相关的情感体验，却又是我们难以直面和表达的内心状态之一。

孤独是一种复杂的情绪，它既可以是令人痛苦的体验，也可以是自我反省和成长的机会。孤独常常与我们生活中的某些特定时刻相伴而生。

- **变化与过渡**：如搬到新城市，转行新工作，进入人生新阶段。

- **丧失或不如愿**：如失去亲人，朋友远离，未能实现期望。

然而，孤独的另一面是它可以成为一个与自我联结的窗口。

- **自我探索的契机**：在孤独中，我们得以反思自己的内心需求、价值观和人生目标。
- **创造力的源泉**：许多创作者都曾在孤独中找到了灵感，将其转化为创造力的催化剂。

美国加利福尼亚大学洛杉矶分校的一项调查显示，超过60%的成年人经常感到孤独。而在中国，国内某社交平台的数据也反映出相似的趋势：有76.2%的用户表示曾经历过不同程度的孤独感。

这些数据揭示了一个重要事实：孤独并不罕见，它是人类普遍的情感体验之一。

关于孤独的"冷知识"

关于孤独，有几个心理学"冷知识"，是你一定要知道的。

1.独自一人并不一定会感到孤独

曾有网友自创了一个孤独等级表,我们也一起来看看,你做过的你认为最孤独的事情,属于哪个等级。

- 第一级:一个人逛超市
- 第二级:一个人吃火锅
- 第三级:一个人去咖啡厅
- 第四级:一个人逛街
- 第五级:一个人去 KTV
- 第六级:一个人去游乐园
- 第七级:一个人去看海
- 第八级:一个人去看病
- 第九级:一个人过春节
- 第十级:一个人做手术

也许你看完会觉得,"一个人吃火锅,这也太可怜了,听着就好难受"。也许你会觉得,"也还好呀,我当年只身在异地打拼,干什么都是一个人,这些场景都是小意思"。而有些人可能会想,"这怎么能叫孤独?我一个人去旅游去看海,不用照顾别人的需求,想去哪儿就去哪儿,想几点起床就几点起床,简直太爽了"。

看来,独自一人对不同的人来说会有不同的解读。

- 有些人会觉得独自一人 = 没朋友 = 人缘不好 =

我好惨

- 有些人觉得独自一人＝没人陪我＝我好寂寞
- 有些人觉得独自一人＝随心所欲、自由自在
- 有些人觉得独自一人＝单枪匹马＝荣耀的背后

刻着一丝孤独

看来，独自一人的状态并不一定会让人感到孤独，反而有些人会感觉到自在和洒脱。孤独与否并不完全取决于身边是否有人相伴。实际上，孤独更多是一种主观感受，而非客观状态。

在人们的观念中，独自一人通常会被视为与孤独同义。我们常常认为一个人吃饭、看电影或旅行会让人感到孤独，但事实并非如此。孤独感更多的是一种内心的孤立和情感的匮乏，而不是外在的孤单。因此，**有些人即使独自一人，也能感到满足和平静；而有些人即使身处人群中，仍会感到孤独。**

2. 即使身处人群中，也会感到孤独

相信这些感觉大家并不陌生：

"我明明身在人群中，可他们的一切好像都与我无关。"

"在这个世界上，再也没有比置身人群中，却又得孤独生活更可怕的事了。"

"城市是一个几百万人一起孤独生活的地方。"

这些表达孤独感的句子并不是我写的，它们出自哲学家和作家。上文的第一句话出自法国著名哲学家和作家加缪。第二句的作者是茨威格，他是奥地利著名作家。第三句出自梭罗，他是美国著名的作家和哲学家。

即使我们身处人群中，也会感到孤独。这种孤独是内心深处的情感空缺，与周围环境无关。在一场热闹的聚会上或是拥挤的街道上，我们依然可能感受到一种深刻的孤独感。这种现象被称为"群体性孤独"，它揭示了内在情感与外部环境的错位。

为什么会这样呢？

这是因为在现代社会中，真正的情感联结似乎变得越来越稀缺。我们的社交关系往往停留在表面的寒暄与礼节上，难以触及内心深处的情感需求。许多人在大型社交场合中，尽管有无数的交谈对象，却没有一个人可以进行深度交流和情感分享。这种孤独感在热闹的社交活动中显得尤为明显。

内心与外界的隔阂也是造成孤独感的重要原因。在社交活动中，我们可能因为与周围人的价值观或兴趣不同而感到孤独。即使在看似和谐的交流中，我们也可能感受到一道使我们与他人无法相通的无形屏障。在工作环境中，虽然同事们可能热情友好，但如果我们与他们的价值观或兴趣爱好不一致，依然会感到孤独。这种隔阂让人感觉像是在不同的频道中独自徘徊。

此外，自我认同的缺失使得孤独感更为深刻。即使我们身处人群中，若缺乏对自我价值的认同，孤独感仍会如影随形。尤其是在社会压力下，我们常常扮演不同的角色以迎合他人的期望，却忽略了自己的内在需求和真实自我。在社交媒体时代，我们可能过度关注点赞和评论的数量，反而忽视了自己内心真正的需求和感受。虽然我们在虚拟世界中可能有许多"朋友"，但这些关系却难以提供真实的情感支持。

3. 慢性孤独的影响等同于吸烟

孤独对健康的影响等同于吸烟，这一说法可能让你觉得不可思议。毕竟，孤独看不见摸不着，它不像烟草那样，有一个明确的警告标签。孤独就像生活中的"隐形杀手"，无声无息地影响着我们的身心健康。

孤独不仅会让我们感到情绪低落，还会对心脏健康造成威胁。研究发现，长期感到孤独的人更容易出现心血管问题，患心脏病的风险增加约 29%。当一个人感到孤独时，

体内的压力荷尔蒙——皮质醇的水平会上升，心脏承受的
负担也就随之加重。

孤独还会让免疫系统变得懒惰。是的，你没有看错！
感到孤独时，身体的免疫反应能力会降低，白细胞的防御
能力也会减弱。这意味着我们更容易感冒、感染，甚至罹
患更严重的疾病。孤独就像看不见的病毒，悄悄削弱了我
们的免疫力。

关于孤独对健康影响的研究中，一个惊人的发现是，
孤独可能会缩短我们的寿命。拥有密切社会关系的人，相
较于那些感到孤独的人，平均寿命会更长。孤独正潜移默
化地影响着我们的生命长度和生活质量。

4. 社会排斥的感受等同于身体疼痛

孤独感不仅是一种情绪体验，还能真实地在大脑中引
发疼痛感。这一观点在心理学中有一个经典的实验可以佐
证：虚拟掷球游戏实验（Cyberball Experiment）。这个
实验简单但非常有效地揭示了孤独如何在大脑中产生与身
体疼痛相似的反应。

被试者被告知他们将参与一个在线游戏，与两位其
他玩家（实际上是电脑程序）一起玩一个简单的掷球游
戏。在游戏的初始阶段，球会在三个玩家之间正常地传

递，被试者、电脑控制的玩家 A 和 B 会轮流接到和传出球。在实验的中途，电脑控制的玩家开始互相传球，不再将球传给被试者。被试者感受到明显的排斥，因为他无法继续参与游戏，只能被动地观察球在其他两名玩家之间来回。

通过功能性磁共振成像（fMRI），研究人员观察到，在被试者感受到被排斥时，大脑中负责处理身体疼痛的区域（前扣带回皮质和右侧背外侧前额叶皮质）被激活。这些区域的活动与被试者感受到的社交排斥或产生的孤独感之间呈现出高度的相关性。

通俗一点儿来说就是，孤独感和身体疼痛共享相似的神经通路。换句话说，孤独带来的心理创伤在大脑中与生理痛苦几乎是相同的。从进化的角度来看，人类的大脑进化出这种将孤独感与身体疼痛挂钩的机制，是为了保护我们。我们的祖先生活在需要合作和群体支持的环境中，感受到被排斥或孤立的疼痛感，实际上是一种"警报机制"，促使我们修复社会关系，确保生存和繁衍。

5.孤独的积极面经常被忽视

当我们提到"孤独"这个词时，常常联想到的是一个人人影单薄地在角落里徘徊，内心充满寂寞和失落。然而，孤独并不仅仅是种负面情绪。实际上，它也拥有一副让人意想不到的积极面孔，就像是一种沉默却充满潜力的力量。

孤独可能是个被误解的朋友，它能带来的不只有泪水和苦恼。孤独提供的，是一种反思和自我发现的机会。这种在沉寂中蕴藏的潜能往往被忽视，但在某些文化中，孤独被视作一种美德，甚至是一种必要的成长工具。

（1）**孤独与创造力**。让我们先谈谈孤独如何激发创造力。往往，伟大的艺术家、作家和音乐家在独处时，灵感如潮水般奔涌而来。凡·高在孤独中画出了《星月夜》，弗兰茨·卡夫卡在夜深人静时写下了充满张力的小说。孤独仿佛是一位神秘的导师，启迪创作者们的创意。

我们独处时，得以从纷繁的生活中抽离，内心变得宁静，思维不再被外界干扰。这时，我们可以无拘无束地探索想象的空间，勇敢地尝试平日被否定的创意。在一个没有嘈杂声音的世界里，灵感得以自由绽放。正如心理学家罗洛·梅（Rollo May）所言，孤独是滋养创造力的土壤。

（2）**孤独与个人发展**。孤独不仅是创造力的催化剂，还是个人成长的温床。在孤独中，我们有机会重新审视自己，了解内心真正的渴望和需求。它就像一面镜子，让我们看清自己的优缺点。在这个过程中，我们得以发展出一种内在的坚韧和自我认同。

孤独给我们时间去反思，帮助我们厘清生活中的优先级。我们可以静下心来设定目标，制订计划，并更好地理解自己是谁以及想要成为什么样的人。就像《沉思录》的作者马可·奥勒留（Marcus Aurelius）所说，孤独让我们有时间去探究内心深处的智慧，指导着我们的人生方向。

（3）**孤独是一种美德**。在某些文化中，孤独甚至被视为一种美德。比如，在日本，"侘寂"这一美学理念强调接受不完美、不恒久和不完整之美，鼓励人们在孤独中找到内心的宁静与和谐。在这里，孤独被赋予了一种诗意，成为审美的一部分。

同样地，在西方哲学中，许多思想家也将孤独视为获取智慧和灵感的必要条件。哲学家尼采认为，独处是思考人生意义的关键时刻。他认为，只有在孤独中，人们才能摆脱世俗的束缚，真正实现自我超越。

如何与孤独相处

1.学习独处的艺术

我们了解到，独自一人并不一定会感到孤独，而身处人群中，我们却有可能感到孤独！那么究竟是什么人在独自一人的时候，仍然能自得其乐、怡然自处呢？答案就是，懂得独处的人。

在心理学上，独处被视为一种有益的实践，你有过以下这些体会吗？

- **大脑的自动驾驶模式**：当你独处时，你的大脑会进入一种被称为"默认模式网络"的状态。在这种状态下，你的思维会变得更加活跃，类似于开车时的自动驾驶，让你在放松中迸发出创意。

- **独处时更专注**：研究表明，独处可以提高你的时间感知能力。在没有外界干扰时，我们对时间的把握会更加精准。这就是为什么一个人时，你会发现自己能够更专注地完成任务。

- **独处带来更好的人际关系**：有趣的是，独处不仅不会削弱你的社交能力，反而会增强它。适当的独处时间可以让你更好地理解自己和他人，从而提升人际关系的质量。

- **享受孤独是种超级技能**：一项研究发现，能够享受孤独的人往往拥有更高的心理弹性和创造力。他们不依赖外界来满足情感需求，而是通过内在的满足感来实现心理平衡。

- **独处有助于更好地解决问题**：在独处时，我们的思维会变得更加深刻和富有洞察力。这种状态被称为"反思性思维"，能够帮助我们更有效地解决复杂的问题。

研究表明，高质量的独处时间对心理健康和个人发展至关重要。根据心理学家米哈里·契克森米哈赖（Mihaly Csikszentmihalyi）的"心流"理论，当我们全身心投入一项活动中时，我们会体验到极大的满足感和幸福感。而独处正是让我们进入"心流"状态的最佳时机之一。

此外，心理学家萨曼莎·海因策尔曼（Samantha Heintzelman）的一项研究表明，那些能够享受独处的人通常具有更高的心理弹性和生活满意度。他们更善于处理压力，更容易感到快乐。

那么，如何才能让独处变得高质量呢？以下是一些小妙招，让你的独处时间充满乐趣和意义。

（1）**创造一个舒适的环境**。想象一下，一个干净、整洁、舒适的空间，配上你最喜欢的香氛和音乐。这就是你专属的"独处天堂"。在这个空间里，你可以完全放松，享受独处的每一刻。

（2）**设定独处的意图**。独处不是打发时间，而是一次有意义的旅程。提前设定一个小目标，比如看完一本书、尝试新食谱，或者练习一项新技能。这样，你的独处时间就变得既有趣又富有成效。

（3）**投入创造性活动**。无论是绘画、写作、创作音乐，还是制作手工艺品，创意活动都是独处的绝佳伴侣。让你的想象力自由飞翔，享受创作带来的乐趣和成就感。

（4）**练习自我反思**。写日记是一种很好的自我反思方式。记录下你的想法和感受，能帮助你更好地理解自己。冥想和正念练习也能让你更专注于当下，培养内心的宁静。

（5）**探索大自然**。大自然是心灵的疗愈师。在阳光明媚的日子里，试试徒步旅行、骑行或野餐，让大自然的美景治愈你的心灵。

（6）**培养运动习惯**。别忘了运动的重要性！瑜伽、跑步、游泳都是不错的选择。定期锻炼不仅能改善心情，还能促进身体健康。

（7）**思维漫游与自我对话**。允许自己在思维上自由漫游，和自己进行心灵对话，理解自己的情感需求。这是一种独特而又深刻的体验，让你与内心的自我建立更紧密的联系。

（8）**学习新技能**。利用独处时间，学习一项新技能，如外语、编程、烹饪、乐器演奏等。这不仅能充实你的独处时光，还能为你的生活带来新的可能性。

（9）**学习数字排毒**。在数字化时代，独处变得更加困难，因为智能设备无时无刻不在吸引着我们的注意力。实践数字排毒，远离手机和社交媒体，可以提高独处的质量。

2.应对阶段性孤独

阶段性孤独（phased loneliness）是指个体在生命的特定阶段或情境下体验到的孤独感。这种孤独感通常不是持续性的，而是与某些生活变化、发展任务或状态变化的过渡期密切相关。当你身处这些特殊时期或特殊情境时，请记住，你此时的孤独情绪是完全正常且合理的。

（1）**青春期**：青春期是自我认同和身份探索的关键时期。青少年面临生理和心理的巨大变化，同时试图建立独立的自我。他们可能会感到不被理解，与父母和同龄人之间出现沟通障碍，这使他们更容易感到孤独。此外，群体认同和同伴压力也可能导致青少年对孤独感的敏感。

（2）**成为大学新生**：进入大学意味着离开熟悉的家庭和朋友网络，独立生活在一个全新的环境中。新生需要适应新的学习方式和社交圈，这可能导致孤独感，尤其是在尚未找到归属感或结识新朋友的情况下。

（3）**离开校园**：从学校毕业后，个体从校园环境过渡到社会，需要面临就业压力和自我角色的转换。离开熟悉的同学和老师，进入相对陌生的职场，可能会让人感到孤独，特别是在求职不顺或对未来感到迷茫时。

（4）**成为职场新人**：职场新人通常面临适应新环境和新角色的挑战。在与同事建立关系之前，他们可能感到自己不能融入。此外，对自己工作能力的怀疑和职业前景的不确定性也可能加剧孤独感。

（5）**中年时期**：中年时期常常伴随着对生活成就和未来发展规划的反思。职业发展的瓶颈、家庭责任的变化（如子女长大离家），以及自我价值的重新评估可能导致个体感到孤独和不安。

（6）**空巢期**：当子女长大成人并离家生活时，父母可能感到角色的空缺和生活重心的转移。特别是如果父母一直以来都以子女为生活中心，他们可能会经历失落和孤独感。

（7）**退休**：退休标志着工作生活的结束和生活方式的重大转变。失去工作中的社交互动和职业角色后，许多人可能感到孤独，尤其是在缺乏其他生活目标和社交网络的情况下。

（8）**搬家**：搬家意味着离开熟悉的环境和人际关系网，进入一个全新的社区。适应新环境、结交新朋友以及建立新的支持系统需要时间，这使得个体在状态变化的过渡期容易感到孤独。

（9）**出国留学**：出国留学不仅涉及语言和学术挑战，还需适应不同的文化和生活方式。远离家人和朋友、文化冲击以及对新环境的不熟悉可能导致强烈的孤独感。

（10）**换城市工作**：在新城市工作需要适应新的工作和生活环境，重新建立社交关系和支持系统。缺乏熟悉的朋友和家人的支持，特别是在新环境中初期，容易让人感到孤独。

在阶段性孤独的情境中，个体面临的挑战是适应新的环境和角色转换。失去原有的支持网络后，我们需要重新建立新的社交联结和归属感。在这段过渡期中，孤独感是一种正常的情绪反应。通过积极的社交参与和心理支持，大多数人能够逐渐适应新的生活阶段。

　　然而，在我的工作中经常遇到一种特殊情况，那就是空窗期孤独。这种孤独感更为强烈而复杂，通常发生在个体结束一段亲密关系后，或在单身状态下寻找下一段关系的过程中。

　　空窗期孤独往往伴随着情感和身份的转变。在结束一段关系后，个体需要时间来处理情感上的失落和孤独感。在这一时期，许多人可能会感到情感支持和陪伴的缺乏，尤其是在对前一段关系的怀念和对未来的不确定性之间徘徊时。这种孤独感可能表现为对前任的思念、对未来感情生活的迷茫，以及对自身价值的怀疑。个体可能会感到无所适从，尤其是当看到周围朋友或同龄人都处于稳定关系中时，这种孤独感可能会进一步加剧。

　　在离婚的情况下，孤独感往往比一般的分手或空窗期孤独更为深刻和复杂。这是因为离婚不仅涉及情感的断裂，还牵扯到生活方式的重大变化、家庭结构的重组，甚至是个人身份的重新定义。离婚带来的孤独感通常源于以下几个方面。

　　（1）**失去长期伴侣的支持**：婚姻通常是人们最亲密和长期的关系来源之一。离婚意味着失去一个曾经无条件支持和陪伴自己的人。长期伴侣忽然缺失可能会带来巨大的情感空缺，使得个体在情感上感到孤立无援。

（2）**社交圈的变化**：在婚姻中建立的共同社交圈和朋友圈可能因为离婚而分裂，朋友和家人可能会因为"站队"、尴尬或不知如何处理而疏远。这种社交支持的减少会加剧孤独感。

（3）**身份和角色的转变**：离婚意味着身份和角色的重大变化，从已婚者转变为单身者。尤其是在传统文化中，已婚身份可能会带来一定的社会认同感，离婚后这种认同感可能受到挑战，导致孤独感的增加。

（4）**经济和生活方式的改变**：离婚常常伴随着经济上的压力和生活方式的改变，包括搬家、分割财产、重新规划生活等。这些现实问题可能会增加压力，使得个体在应对这些变化时感到孤独。

（5）**孩子的影响**：如果有孩子，离婚可能会引发对孩子的抚养和教育问题。在缺乏另一半的共同承担和支持时，养育孩子的责任和担忧可能会让个体感到孤独。

（6）**自我价值和自尊心受到冲击**：离婚可能导致自我价值和自尊心受到冲击，特别是在离婚伴随冲突、争执或背叛时。个体可能会怀疑自己的能力和价值，感到孤独和失落。

（7）**对未来的不确定性**：离婚后，个体面临着对未来的不确定性和焦虑。重新建立稳定的生活和关系需要时间和努力，在这一过程中个体可能会感到无助和孤独。

当我们面临阶段性孤独时，首先要做的是允许孤独存在。这看似简单，却是迈向自我接纳的第一步，也是最关键的一步。为什么我如此强调这一点呢？因为如果我们不能认可此时此刻的孤独是合理的，就会陷入恐慌，产生排斥和逃避的冲动。这种仓促的状态常常导致我们在无意识中做出许多令自己后悔的决定，比如仓促地进入一段新恋情，用无效社交填补内心的空虚，用力过猛而吓到与你交往的对象，或是草率地加入某个不适合自己的小团体。

这样的行为就像给孤独贴上一个临时的"创可贴"，能短暂缓解，却不能解决问题。它可能会让我们与真正适合自己的交往对象失之交臂。因此，第一步是直面自己的孤独感，允许它的存在，理解在这种情况下感到孤独是再正常不过的。这种自我接纳的态度不仅能帮助我们走出孤独的阴霾，也为找到真正适合自己的社交关系打下良好的基础。记住，孤独并不是敌人，它只是提醒我们，更需要关心内心深处的自我。

3.应对心因性孤独

阶段性孤独往往是某些特殊时期带来的短暂感受。然而，我接触过许多学员，他们的孤独感似乎是慢性的，持续困扰着他们。这种孤独并非单纯由环境造成，而是由于内心深处的某些障碍，使他们无法迈向深度关系，反复退缩回孤独的星球。那么，我们才能挣脱心因性孤独的魔咒呢？

（1）**识别建立深度关系过程中的不合理信念。**还记得引言中的十大心理谬误吗？包括二选一思维、过度概括倾向、负面偏见、自我贬低、随意断定、评估失衡、感性推断、"应该"的暴政、盲目标签化、过度归责。而在人际关系领域，有几类特别的阻碍我们建立深度关系的不合理信念，这些信念如果在人际关系中起作用，就有可能让我们难以建立起深度关系，并带来慢性的孤独感。我们来一起看看，有哪些不合理信念，它们是如何阻碍我们找到深度关系的。

1）**我不擅长 / 我不配**

- "我不知道怎么和这些有孩子的人交流。"
- "我不知道如何接别人的话茬聊下去。"
- "我发的笑话没有人点赞，看来不好笑。"
- "我的家人从未有过深度关系的榜样，我也不会有。"

- "我上次说的事没有人接话，大家可能不感兴趣。"
- "我没什么特别的爱好，他们应该会觉得我很无趣。"
- "他们应该更喜欢和幽默的人交朋友。"
- "我的爱好不够'高大上'，可能让人觉得我很无趣。"
- "我不适合这种场合，还是少说话为妙。"
- "我无法处理深度关系带来的责任和承诺。"
- "我对这个领域不熟悉，聊起来会显得很无知。"
- "我相信存在好的感情，但这样的感情不会降临在我身上。"
- "我不值得被真正理解和爱护。"

2) 他们很挑剔

- "如果我主动发起聊天，对方会觉得我很烦吧。"
- "我从来没接到他们的聚会邀请，看来他们不喜欢我。"
- "上次我说错话了，他们肯定还记着，觉得我很蠢。"
- "他们有自己的朋友圈，不会想要我加入的。"
- "我上次拒绝了邀请，他们应该不想再问我了。"

- "如果我提出这个建议，他们会认为我在出风头。"
- "他们上次约我没去，他们可能觉得我不合群。"
- "如果我说出自己的观点，他们会觉得我太固执。"
- "如果我不同意他们的观点，他们会不喜欢我。"
- "他们上次笑得那么开心，可能是在笑我。"
- "如果我表现得太紧张，他们会觉得我很不自信。"
- "如果我没和他们打招呼，他们会觉得我很高傲。"
- "如果我谈论自己的成就，他们会觉得我在炫耀。"

3）我很另类

- "看到他们在社交媒体上互动，我感觉被排除在外了。"
- "他们总是一起参加活动，我觉得自己不太属于那个圈子。"
- "我很少和他们一起出去玩，他们应该觉得我不合群。"
- "他们都认识很久了，我是个外人。"
- "他们都有自己的圈子，不会想了解我这个新人。"

4）人是自私的

- "所有关系都是有条件的，没有真正的无私。"
- "只有在对方对我有价值时，与他们交往才值得。"
- "在社交中，我需要时刻警惕，避免被利用。"
- "任何关系中都要有自己的底线，不能吃亏。"
- "只有我对别人有用，别人才会愿意和我交往。"
- "永远不要在关系中显得弱势，否则就会被欺负。"
- "没有真正的朋友，只有永恒的利益。"
- "在职场中，关系就是资源，不能被感情左右。"

5）只能靠自己

- "我害怕失去独立性，深度关系会让我变得依赖他人。"
- "我只需要我自己，别人都无法提供我真正需要的。"

6）关系／投入很麻烦

- "深度关系会限制我的自由，我无法承担。"
- "我没有时间和精力去维持深度关系。"
- "情感会干扰我的理性判断，最好不要过于投入。"

- "我不能让他人影响我的情绪，保持距离是最好的选择。"
- "我不想承担他人的情感负担，太累了。"

7）他们会伤害我 / 抛弃我

- "我不能完全信任别人，他们总会在某个时候背叛我。"
- "深度关系最终都会导致伤害，最好保持距离。"
- "如果我让别人看到真实的我，他们就会离开我。"
- "与人交往时必须时刻保持警惕，不能全身心投入。"
- "保持表面的和谐比坦诚重要，冲突会破坏关系。"
- "我已经习惯了孤独，深度关系太不可靠。"

这些消极的信念就像无形的墙，将我们与真正的深度关系隔离开来。它们源于对自我价值的怀疑、对过往伤痛的恐惧以及对情感投入的不信任。这些想法可能使我们对与他人建立深刻的联系望而却步，导致我们在保护自我的同时也失去了获得幸福和支持的机会。

当我们总是设想着最坏的情况、怀疑他人的动机或拒绝承认自己的脆弱时，就无法体验到深度关系的美好与温暖。深度关系需要开放和信任，只有当我们愿意挑战这些消极信念，打破心中的壁垒，才能走进真正的深度关系中。

在接下来的部分，我们将探讨如何识别建立深度关系过程中的需求。通过深入了解自己的内心需求和潜在担忧，我们可以更加清晰地看待自己在关系中的定位，从而更有效地培养健康、深刻的情感联结。让我们一起学习如何克服内心的障碍，去创造和维持更有意义的人际关系。

（2）**识别建立深度关系过程中的需求**。在建立深度关系的过程中，人们往往有各种各样的需求，这些需求可能会影响我们如何与他人互动，以及我们如何体验和看待关系。以下是一些人们在建立深度关系过程中常见和隐晦的需求，来看看你在尝试与他人建立深度关系时，更加看重什么呢？

1）**常见的需求**

- **被爱和接受**：渴望被对方无条件地爱和接受，感受到对方对自己全部的包容和认可。
- **安全感**：希望在关系中感到稳定和安全，知道自己是被支持和保护的。
- **情感联结**：渴望与对方分享内心深处的情感，并感受到情感上的共鸣和理解。

- **信任**：希望能够信任对方，并被对方信任，不用担心背叛或欺骗。

- **尊重**：渴望在关系中得到尊重，包括对自己的意见、界限和独特性的尊重。

- **沟通**：需要开放和诚实的沟通，能够自由地表达自己的想法和感受。

- **陪伴**：渴望在生活的快乐和困难时刻都有对方的陪伴，分享生活的点滴。

- **支持**：希望在面临挑战时能够得到对方的支持和鼓励。

- **共同成长**：渴望在关系中共同成长和进步，分享目标和梦想。

- **亲密**：希望保持关系中的亲密感，包括身体和情感上的亲密。

2）隐晦的需求

- **被理解**：渴望对方真正理解自己的内心世界，而不仅仅是表面的理解。

- **被看到**：希望对方能够见证自己的存在和成长，希望自己在对方眼中是独特的。

- **被认可**：自己的要求、情绪、人生选择的合理性被充分承认，并可以被友善讨论。

- **独特性**：希望自己在对方心中有一个独特而不可替代的位置。
- **归属感**：渴望在关系中找到归属感，感觉自己是被接纳的。
- **被需要**：希望对方需要自己，希望能够感受到自己在关系中的重要性和价值。
- **情感自由**：渴望在关系中能够自由表达所有情感，而不被评判或压抑。
- **身份认同**：希望通过关系中的互动，能够更好地理解和确认自己的身份和角色。
- **欣赏与赞美**：渴望得到对方的欣赏和赞美，尤其是对自己努力和成就的认可。
- **平衡与和谐**：希望关系中有一种自然的平衡感，感到和谐，而不被过度要求或压迫。
- **自由与空间**：希望在亲密的同时能够保留一定的个人空间和自由，不被束缚。
- **成就感**：希望在关系中实现某种成就感，感到双方共同创造了某种价值。
- **心灵契合**：渴望在精神层面与对方达到深度契合，共享思想和价值观。
- **自我提升**：希望在关系中能够促进自己的个人成长和自我提升。

- **浪漫与仪式感**：渴望在关系中保持浪漫和仪式感，感受到生活中的小惊喜和仪式带来的温暖。
- **放松与舒适**：希望在对方面前能够放松，做真实的自己，而不必伪装或努力表现。

这些需求是我们与生俱来的。如果在从小到大的成长过程中，这些需求都曾被很好地看到和认可，并被适度地满足，我们在成年后的生活中也会认为它们是合理的。然而，每个人在成长过程中都并非如此一帆风顺，一定会有某些需求是没有被认可和满足的。

我们来看以下几种情境。

情境一

孩子：妈妈，我想吃冰激凌。

妈妈：嘴馋了吧，给你买一个。

情境二

孩子：妈妈，我想吃冰激凌。

妈妈：写完作业就给你买。

情境三

孩子：妈妈，我想吃冰激凌。

妈妈：冰激凌不好吃，妈妈给你做了汤圆。

情境四

孩子：妈妈，我想吃冰激凌。

妈妈：小孩子不能吃冰激凌。

情境五

孩子：妈妈，我想吃冰激凌。

妈妈：（在忙自己的事，不理孩子。）

在上述五个情境中，孩子提出了自己的需求，情境一中的妈妈及时看到并认可了这一需求；情境二中的妈妈认可了这一需求，但提出了附加条件；情境三和情境四中的妈妈都拒绝了这一需求，并将自己的意志强加在了孩子身上；情境五中的妈妈直接忽视了这一需求，对这种需求视而不见。

情境一中的孩子，其需求被看到、认可和满足了，这样的孩子在未来就会更加认可自己在与他人建立深度关系过程中的需求，并觉得自己的需求是合理且正当的，他人应该尊重并重视自己的需求。

情境二中的孩子，其需求虽然被满足了，但是是有条件的，是"变形"了的，这样的孩子在未来尝试与他人建立深度关系时，会对自己的需求持怀疑态度，他经常能够意识到自己的需求，但不确定这是否合理，别人是否会满足自己。

　　情境三至情境五中的孩子，他们需求要么被拒绝，要么被忽略了，这样的孩子在未来尝试与他人建立深度关系时不会认为自己的需求是正当的，他们对自己的需求充满了羞耻感，他们总是围绕着别人的需求，去讨好、去顺应。

　　当然，孩子不会因为父母一两次的拒绝和忽视就留下心理创伤，这种效果通常是经年累月、慢慢积累的。当孩子的需求反反复复被无视、被曲解，孩子就会对自己的需求产生怀疑："我的需求真的很不合理吗？"渐渐地，这种怀疑就会变成坚定的"我的需求不合理"，在之后的生活中，当他们再次感受到情感需求时，就会担心和害怕，害怕自己的需求再次被拒绝，于是慢慢地也就不再提出需求了。

　　这种在潜意识中对需求合理性的否定，其影响往往会在这些孩子成年后的人际交往中表现出来。当他们试图与他人建立深度的情感联结时，往往会感到无所适从。他们可能会竭尽全力迎合对方的期待，努力避免冲突，甚至压抑自己的真实感受和渴望，只为了换取关系的表面和谐。这种行为模式不仅会削弱他们的自尊和自我价值感，也会阻碍深度关系的建立和健康发展。重新看到并认可自己的需求，意识到自己的恐惧，是非常重要的一步。

　　（3）如何建立深度关系——学会分享脆弱。想象一只宠物刺猬在你的面前，你是希望它肚皮朝向你，还是背上锋利的刺朝向你呢？你会更想揉揉它的肚皮，还是更想梳理它锋利的刺呢？

展示脆弱，是拉近关系的钥匙。布勒内·布朗（Brené Brown）博士是脆弱性研究的先驱，她的研究集中在情感暴露、勇气和同理心如何影响人际关系方面。她发现，展示脆弱感是建立信任和亲密关系的关键，愿意展示脆弱感的人通常更容易与他人建立深厚的关系，因为这种展示体现了对他人的信任。这种信任有助于建立更牢固和持久的关系。通过展示脆弱感，个体展示了对他人的信任，降低了自己的防御姿态，这使得对方也更容易开放并回馈同样的信任。

让 - 菲利普·洛朗索（Jean-Philippe Laurenceau）的研究调查了夫妻在互动中展示脆弱感的情况，探讨了其对关系质量的影响。研究发现，在夫妻互动中，当一方展示自己的脆弱和真实感受时，另一方通常更容易回应以支持和同理心，这种互动增加了彼此的亲密感和关系满意度。脆弱感的展示使得双方更容易感受到被理解和被接纳，从而促进更深的情感联结。

1）展示脆弱的方法

在关系中展示脆弱感需要勇气和技巧，以下的一些方法可以帮助你有效地展示脆弱感，从而建立信任并拉近关系。

第一步：坦诚表达感受

- **分享真实的情绪**：不论是快乐、悲伤还是恐惧，向对方表达你当下的真实感受。使用"我觉得……"的句式，避免指责或评判他人。
- **讨论不安与担忧**：坦诚地表达你的不安、担忧或恐惧，这可以让对方感受到你的信任和开放。

第二步：承认错误和不足

- **接受自己的不完美**：承认自己的错误和不足，展示你是一个愿意成长和学习的人。
- **请求帮助和建议**：在需要帮助时，不要害怕向他人求助。寻求他人的建议也可以展示你的开放和对他人能力的尊重。

第三步：分享个人故事和经历

- **讲述影响深远的经历**：分享你过去的经历，尤其是那些对你的成长有重要影响的故事。这种深层次的分享可以促进更深的理解和联结。
- **讨论人生挑战**：谈论你面临的挑战以及你是如何应对的，可以帮助对方更好地理解你的个性和价值观。

第四步：表达对关系的期望和需求

- **明确表达需求**：告诉对方你在关系中需要什么，这有助于建立清晰的界限和期望。

- **讨论未来的愿景**：与对方分享你对未来的期望和计划，以展示你的长期承诺和投入。

第五步：接受和回应对方的脆弱

- **给予支持和同理心**：当对方展示脆弱时，以温暖和理解的方式回应，这不仅能增强对方的安全感，也能加深彼此的信任。

- **尊重对方的隐私和界限**：理解并尊重对方的边界，不强迫对方分享他们不愿意公开的部分。

第六步：保持开放的沟通

- **定期沟通**：保持开放和定期的交流，以确保双方的需求和感受都能被倾听和理解。

- **倾听而不是评判**：在对方表达自己时，专注倾听而不是立刻评判或提出建议，这能增强对方的被尊重感。

以下是一些不同类别的情境和案例，可以帮助你在不同的关系中有效地展示脆弱感。

类别一：亲密关系

案例1：分享过去的创伤

情境：你和伴侣在一个安静的夜晚谈心，讨论彼此的
　　　　过去。

做法

- **表达方式**：

  你可以说："有件事情我一直没跟你说，我觉得现在
  是个好时机。过去，我经历过一段困难的时光，那
  段经历让我感到很无助和脆弱。"

- **重点**：

  在分享这些内容时，可以解释当时的感受以及那段
  经历如何影响了你现在的生活。然后，观察伴侣的
  反应，给对方时间和空间来理解和回应。

案例2：谈论对未来的焦虑

情境：你和伴侣正在讨论未来的计划，比如搬家或换
　　　　工作。

做法

- **表达方式**：

  你可以说："其实我对未来有点儿担心，比如我们的
  财务状况和新的环境。我知道这些决定很重要，但

有时候我感到有点儿不安。"

- **重点**：

  明确表达你的担忧和不确定性，并邀请伴侣一起讨论可能的解决方案。这种开放的沟通可以让对方理解你的内心世界，并共同努力去解决问题。

类别二：工作关系

案例3：承认自己的错误

情境：在工作中，你在一个项目中犯了错误，影响了团队的进度。

做法

- **表达方式**：

  在团队会议上，你可以说："在项目中，我做出了一些错误的决策，导致进度延迟。我很抱歉，并正在寻找解决方案，希望能得到大家的建议和支持。"

- **重点**：

  承认错误后，展示你解决问题的计划，并表达愿意接受同事的反馈和建议。这种坦诚的态度可以增强团队的信任感。

案例4：寻求反馈和指导

情境：你在公司里承担了一个新的项目，并希望能获得一些建议。

做法

● **表达方式**：

你可以对同事或上司说："我对这个新项目有很多想法，但也有些不确定。能否请你给我一些反馈或建议？我想确保自己走在正确的轨道上。"

● **重点**：

在展示不确定性时，强调你的学习意愿和对改进的开放态度，这样的表现可以鼓励他人给予支持。

类别三：友谊关系

案例5：分享内心的挣扎

情境：你和朋友在一起喝咖啡，谈论最近的生活。

做法

● **表达方式**：

你可以说："最近我感觉有些压力，工作上有很多挑战，而且我对未来有点儿迷茫。不知道你有没有类似的感觉？"

- **重点**：

  通过分享你当前的状态，邀请朋友进行深入的交流，这可以让对方感受到你的信任，并可能分享他们的类似经验，从而加深友谊。

案例6：表达对友谊的重视

情境：你和一个朋友发生了误会，导致关系紧张。

做法

- **表达方式**：

  你可以说："我真的很珍惜我们的友谊，但上次的事情让我感到很失落。我希望我们能找到方法解决这个问题。"

- **重点**：

  表达你对友谊的重视和解决问题的意愿，让对方感受到你的诚意和关心，从而修复关系。

2）**具体表达技巧**

- **使用"我"语句**　例如："我觉得……""我担心……""我需要……"，这种表达方式可以避免指责他人，更好地传达个人感受。

- **保持真诚和具体**　具体描述你的感受和想法，而不是模糊的概述。可以说，"当那件事发生时，

我感到很无助和孤独，因为……"，这样更容易
引起共鸣。

- **留意对方的反应**　展示脆弱感时，也要注意对
方的情绪反应，并给予对方时间和空间来理解
和回应。

- **适当选择时机**　选择一个双方都比较放松和安
全的时刻进行沟通，比如晚餐或散步时。

3）展示脆弱的"雷区"

在展示脆弱感的过程中，人们虽然可以有效地促进关
系的建立和加深，但也存在一些需要注意的"雷区"和常
见的错误。这些"雷区"如果不加注意，可能会导致误解、
关系紧张甚至关系破裂。以下是一些常见的展示脆弱感的
"雷区"和错误。

- **过度分享**：指在与刚认识的人或不太亲密的人相
处时，过早、过度分享个人的深层次问题或创
伤经历。这可能会让对方感到不知所措，甚至
感到不适或被压迫。过早地在关系中倾诉所有
的脆弱感可能会打破适当的边界。分享脆弱感
应该根据关系的深度和发展阶段进行，逐步建
立信任，然后慢慢开放更多的个人信息。

- **不切实际的期望**：指在展示脆弱后，期望对方

立刻理解、接受或解决你的问题。对他人的反应期望过高可能会导致失望和误解，尤其是在对方没有立即回应你的期望时。展示脆弱感时，应明确表达你的需求，但也要给予对方时间和空间来理解和回应。保持开放的心态，接受对方可能并不完全理解或认同你的感受。

- **操控性脆弱**：指利用脆弱感来操控或博取他人的同情和支持。如果脆弱感的展示是为了达到某种目的或操控他人情感，那么这种行为会被视为不真诚，可能会导致对方的抵触和不信任。保持真诚和坦率，确保你的脆弱展示是真实的情感表达，而不是一种操控手段。

- **缺乏界限**：指在公开场合或不恰当的场合展示脆弱感，没有考虑到情境和他人的感受。在不合适的场合展示脆弱感可能会让他人感到尴尬或不适，破坏应有的社交礼仪和关系界限。在展示脆弱感时，要考虑情境和场合，确保这是适合的时间和地点。应当选择与对方单独交流或在安全的环境中进行分享。

- **忽视对方感受**：指在展示自己的脆弱时，忽略或贬低对方的感受和反应。只关注自己的情绪和需求，而忽视对方的反应和情感，可能会让对方感到不受尊重。展示脆弱感时，要倾听对方的反馈，并尊重对方的感受。建立相互的理解和支持，而不是进行单方面的倾诉。

- **一味强调负面**：指总是以消极或悲观的方式展示脆弱感，而不提供任何积极的视角或解决问题的方向。这种负面情绪的反复传递可能会导致关系中的消极氛围，对方可能会感到无助或疲惫。在分享脆弱感的同时，也要表达你的积极态度和对解决问题的努力。这有助于让对方看到你的成长和变化，并激发他们的支持和帮助。

（4）**建立高质量的深度关系——警惕假性陪伴**。假性陪伴是一种在表面上看似亲密、相互依赖的关系，但实际上缺乏真实的情感联结和深层的交流。在这种关系中，双方可能在日常生活中花费大量时间在一起，但没有真正的情感联系。这种关系可能能维持很长时间，却没有真正的成长空间，也不能提供满足感。

以下是一些假性陪伴的特征，来看看你自己是否已经处于这种关系中。

1）**缺乏深度交流**

- **特征**：关系中的对话多为表面化，涉及的多是日常琐事、工作或生活安排，很少涉及个人内心的情感和愿望。

- **识别方法**：问问自己和对方之间是否有过真正深入的谈话，是否愿意讨论各自的内心世界和情感困扰。如果很少有这样的交流，你可能是处于假性陪伴中。

2）**情感疏离**

- **特征**：尽管在一起的时间很多，但内心却感到孤独和未被理解。关系中缺乏情感上的支持和理解，彼此之间存在情感隔阂。

- **识别方法**：注意自己在对方身边时是否依然感到孤独，或者是否经常感觉自己的情感需求没有得到满足。

3）**过度依赖形式**

- **特征**：关系中的亲密感更多来自外部表现，比如一起参加活动、共同社交等，而非内在的情感联结。

- **识别方法**：检查自己是否过于依赖某些固定的活动或习惯来维持关系的存在，而忽略了内心的真实需求。

4）**缺乏共同成长**

- **特征**：关系中缺乏共同成长的动力和目标，彼此

之间没有相互激励和支持。双方对未来的期望
和愿景不一致。

- **识别方法**：思考双方是否有共同的目标和愿景，
  以及是否在关系中感到成长和进步。如果没有，
  这可能是关系中的一个警示信号。

5）回避冲突

- **特征**：为了维持表面上的和谐，刻意回避冲突和
  分歧，不愿面对和解决问题。这可能导致问题
  长期累积，最终爆发。

- **识别方法**：观察自己是否避免与对方讨论敏感
  话题或解决冲突，是否在争吵后有真正的解决
  方案。

6）缺乏真实的支持

- **特征**：在需要支持和帮助时，对方没有给予足够
  的关注和支持。关系中的支持仅限于表面或形
  式上的表现，而非实质的情感支持。

- **识别方法**：回想在自己最需要支持的时候，对
  方是给予了真正的帮助和安慰，还是只是敷衍
  了事。

7）依赖外部认可

- **特征**：关系的存在和价值更多地依赖于外部的认

可和评价，比如社交媒体的展示、他人的赞美等，而非内在的情感联结。

- **识别方法**：问自己是否过于依赖他人的看法来判断关系的价值，以及是否因为展示完美关系而感到压力。

☺

第 8 章

害羞不再是枷锁
解锁你的自信密码

想象一下，你刚刚踏入一场热闹非凡的聚会，周围是欢声笑语，而你作为一个相对陌生的存在，心中不禁泛起层层涟漪。你的心跳加速，手心微微出汗，脑海中闪过一系列疑问："我该怎么说开场白？他们会喜欢我吗？如果我显得格格不入怎么办？"这一刻，害羞如同一位不速之客，悄然降临，让你踏入新社交圈的脚步多了几分犹豫与迟疑。你开始考虑是否应该找一个安静的角落坐下，先观察观察，再决定是否要加入他们的行列。

当我们置身于新的环境或面对陌生人时，那份不期而遇的害羞，或者通俗地说就是不好意思，仿佛是大脑向我们发出的微妙信号，提醒我们要注意社交边界，谨慎地探索未知的社交领域。大脑在提醒我们："小心，这里有你未曾涉足的领域，有你未曾谋面的人群，先放慢脚步，观察一下，再决定如何前行。"

可以看到，害羞是一种微妙而复杂的情绪，也许你还没有注意到，它就如同一片轻纱，悄然覆盖在社交场合的人际互动中，尤其在与不熟悉的人交往时会让人感到尴尬、担心或紧张。但害羞不仅仅是一种简单的焦虑、尴尬的感觉，更是一种涉及在与他人关系中的自我评价的情绪体验。也就是说，这种情绪不只是个人情感体验的一部分，更是社交互动中一种细腻而复杂的调节机制。它反映了人类对社交评价的敏感性，以及对自我形象维护的本能需求。适度的害羞可以促使个体更加审慎地选择交往对象与方式，保护自己免受可能的社交伤害。它像是一层保护膜，让我们在不确定的环境中保持警惕，避免过早地暴露自己的脆弱和不安。

然而，严重害羞的人由于对自己的负面评价，过于担心别人如何看待自己，会有诸如脸红、出汗、心跳加速或胃部不适等身体症状，甚至倾向于退出社交活动，以至于演变为社交焦虑症或社交恐惧症。在这种情况下，害羞便可能成为阻碍个人成长与社交发展的绊脚石。这时，害羞不再是那个温柔的守护天使，而变成了一个沉重的枷锁，让人在人际交往的舞台上显得束手束脚，错失诸多宝贵的机会，与可能建立的联结擦肩而过。它让人在面对新的社交情境时感到无比恐惧和焦虑，甚至选择回避，从而限制了自己拓展社交圈子，丰富人生体验。

因此，理解害羞的本质，学会与之共处，是每个人成长旅程中的一堂必修课。它教会我们如何在保持自我界限的同时，勇敢地迈出步伐，探索与他人建立深刻联系的可能性。通过自我反思、技巧学习以及逐步扩大社交圈子，我们可以逐渐学会将害羞转化为自信与从容。我们可以学习如何更好地与他人交流、分享自己的想法和感受，以及如何接受和回应他人的反馈和互动。每一次社交互动都可以成为我们自我成长和丰富人生体验的宝贵契机，让我们更加了解自己、理解他人，并在不断的互动中建立起更加深厚和有意义的人际关系。

认识害羞

1. 什么是害羞

害羞情绪是情绪的一部分，同时也是对恐惧的一种反应。这种情绪可能源自对自己能力或外貌的不安全感，或者是担心别人的评价。它会影响一个人在面对他人时的自我感知和行为。当一个人感到害羞时，可能会变得紧张、胆小、羞怯或缺乏安全感，甚至会出现脸红、无言以对、颤抖或气喘吁吁等生理反应。

新的和不熟悉的环境尤其容易带来害羞的感觉，它让人在公众场合下显得犹豫不决，仿佛每一步行动都需经过内心的反复斟酌，与自在从容的状态截然不同。这种不确定感源于对自我的深度审视，以及对他人目光的过分在意。害羞者往往担心自己的言行无法获得认可，因此在面对新事物或陌生环境时，更容易陷入自我怀疑的旋涡。害羞者往往需要更多的时间来适应变化，他们倾向于在熟悉的环境中寻找安全感，对未知保持着一种谨慎的观望态度。在尝试新事物之前，他们或许会先观察他人的行为举止，作为自己行动的参考。这种谨慎虽有其积极的一面，但也可能限制了个人成长的步伐。

从开学第一天的忐忑不安，到与新朋友相遇时的腼腆羞涩，再到首次面对公众演讲时的手心冒汗，害羞情绪如影随形，尤其在新颖与未知的挑战面前更显强烈。然而，值得注意的是，害羞的强度因人而异，也随情境而变。偶尔的害羞或许只是情绪的涟漪，但频繁而深刻的害羞体验，则可能让人自我标签化为"害羞的人"。

像其他情绪一样，害羞的感觉可以是温和的、中等的或者强烈的，这取决于不同的人和面对的不同情况。通常或经常感到害羞的人可能认为自己是一个害羞的人。害羞的人可能需要更多的时间来适应变化，害羞情绪可能会导致个体避免进入社交场合或在社交中表现出回避行为。

2. 我们是生来就感到害羞吗

这个问题的答案是：当然不是！害羞实质上源自过度消极的自我评价和过度消极的自我专注，这涉及个体的自我意识。而自我意识直到婴儿大约 18 个月大的时候才开始发展，它不是与生俱来的。

自我意识，作为人类心理的重要组成部分，它的发展是一个漫长而复杂的过程。从婴儿期开始，随着大脑的不断发育和经验的积累，我们逐渐学会了区分自我与他人，理解自己的情感、需求和愿望。关于自我意识的起源，科学家们进行了大量的研究和探讨。其中，心理学著名的"红点实验"，论证了自我意识的初步形成始于孩子能够在镜子中认出自己脸上的红点。这一发现不仅揭示了自我意识发展的一个重要节点，也为我们理解害羞等心理现象提供了新的视角。

尽管我们并非天生害羞，但确实有部分婴儿在出生时就表现出内向或压抑的气质。这种气质特征表现为对环境刺激的过度生理和行为反应，如更高的心率、更强烈的哭泣等。值得注意的是，安静内向的气质并不等同于害羞。内向是一种性格特质，表现为喜欢独处、深思熟虑；而害羞则更多地是一种情绪反应，涉及对他人评价的担忧和自我意识的增强。内向的人在成长过程中可能更容易受到外界因素的影响，从而发展出害羞等心理特质。因此，在理解害羞时，我们应将其视为一种可以理解和应对的情绪状态，而非对个人性格的全面否定。然而，儿童有内向的气质并不意味着他们注定会成为害羞的成年人。相反，他们完全可以通过后天的努力和学习来建立自信、积极的社交态度和行为模式。

所以，我们应该摒弃"人们天生害羞"的误解和偏见，认识到害羞是一种可以改变和克服的心理状态。通过积极的自我探索、社交实践和心理咨询等方式，我们可以逐渐克服害羞带来的困扰和限制，实现自我成长和发展。同时，我们也应该尊重每个人的个性和差异，理解害羞者内心的挣扎和困惑，为他们提供支持和帮助。

3.为什么有些人会害羞

害羞这一情感特质，其根源深植于遗传与环境交织的复杂网络之中。研究表明，尽管存在着一种关于害羞的神经生物学解释——大脑中一个特定的神经元回路精心安排了这种行为——它也受到养育方式和生活经历的强烈影响，即天生遗传的气质倾向、生活经历、行为学习以及外界对害羞的反应方式共同塑造了个人最终的性格面貌。害羞的人经常进行不切实际的社会比较，使自己与最活跃或最外向的人相对立。害羞的人认为别人对他们的评价总是很差，因此他们放弃了新的社交机会，这反过来又阻碍了他们提高社交技能。害羞一般有如下成因。

心理因素

- 缺乏自信：害羞往往与缺乏自信紧密相关。当人们对自己的能力或表现缺乏信心时，就容易在社交场合中感到不安和害羞。

- 过度关注他人评价：害羞的人往往过分担心别人对自己的看法，害怕被嘲笑或批评，这种对负面评价的恐惧会加剧害羞情绪。

- 自我怀疑：害羞者常常对自己的能力和价值产生怀疑，这种自我怀疑进一步阻碍了他们在社交场合中的表现。

环境因素

- 家庭环境：家庭环境对个体性格的形成具有重要影响，特别是在于父母在孩子童年早期所构建的情感纽带的质量。父母采取的教育方式若引发孩子形成不安全的依恋模式，将大大增加孩子日后发展出害羞特质的可能性。在日常的悉心照料、哺育与温柔的触碰中，孩子们对父母形成了深刻的依恋。若父母的关怀显得反复无常或不可靠，难以满足孩子对安全感、情感联结及心灵慰藉的基本需求，这种缺失便埋下了不安全依恋的种子。作为生命中第一段也是最为基础的关系模型，依恋关系成为塑造后续所有人际互动的蓝图。遗憾的是，当亲子关系不够稳固时，孩子往往形成一种信念，认为自己在所有关系中都难以得偿所愿。这种消极的自我认知进而蔓延至学业、运动及同辈交往中，他们不自觉地预设老师、教练与同伴可能不会青睐自己，这是一种源自深层的自恋性脆弱，其自我伤害既早期又深刻，且极易触发。在此心理状态下，他们容易对人际关系迅速失去信心，频繁感受到被拒绝、羞耻和被嘲笑，形成一种恶性循环。即便偶尔取得成功，他们也往往会从中找出失败的影子。

- 社交经验：缺乏社交经验也是导致害羞的一个重要原因。如果一个人很少参与社交活动，或者在社交中遭受过挫折，比如感受到被迫，受到嘲笑或欺负，则可能加剧害羞情绪，容易对社交产生恐惧和逃避心理。

- 社会文化因素：不同的社会文化对害羞的看法和态度也不同。在一些文化中，害羞可能被视为缺乏自信或社交能力的表现，是需要克服的障碍；而在另一些社会文化里，害羞被视为一种美德，是谦逊的表现。父母如何在孩子的表现中归因于责备或表扬，揭示了害羞的文化根源。一个孩子试图完成一项任务，但失败了，谁应该受到责备？当一个孩子尝试并成功了时，谁会得到夸赞？在一些文化中，如果一个孩子尝试并成功了，父母、爷爷奶奶、老师等就会得到荣誉，而孩子的努力则相对被淡化。但是如果孩子尝试后却失败了，孩子就要承担全部责任，不能责怪任何人。一种"我赢不了"的信念占据了主导地位，因此孩子很难有勇气去冒险，也不会做任何能让他们脱颖而出的事情。

其他因素

- 性别差异：研究表明，男性和女性在害羞方面存在一定的差异。从婴儿期到青春期，女孩更容易害羞。然而在青春期，男孩报告说他们的害羞比女孩的更严重。这种不适感可能与性别角色的期望有关。成年后，男性可能更容易在公众场合或面对女性时感到害羞，而女性则可能在更广泛的社交场合中表现出害羞。

- 年龄因素：害羞在不同年龄段的人群中都有可能出现，但儿童和青少年是最容易产生害羞情绪的群体。这可能与他们正在学习如何适应社交环境、建立自我认同有关。

4.害羞的表现

害羞的人展现出一种内在的矛盾驱动力：他们既渴望与他人互动（高社会趋近动机），又因社会不适、惧怕评判、尴尬及焦虑（高社会回避动机）而退缩。

这一模式在儿童期尤为显著，表现为沉默寡言、保持距离、平行游戏等行为，以及对陌生人的警觉与恐惧。害羞儿童在学龄前即表现出更多沉默与焦虑，参与社交活动少，自尊感低。随着成长，害羞逐渐与尴尬、羞耻感及更广泛的社会情感难题相联系，如低自尊、孤独、焦虑及抑郁，并常导致同伴排斥等负面经历。例如，进入小学，会面临新的挑战，害羞儿童可能会在与同龄人相处时感到尴尬或有无能感。老师们给他们贴上"害羞"的标签，他们开始以这种方式看待自己，并付诸行动。

　　害羞的稳定性从青春期延续至成年，其影响非常深远。研究指出，早期的害羞行为是后期内化问题及社交障碍的强预测因子。青春期是开始出现害羞的另一个关键时期。不仅青少年的身体在发生变化，而且他们的社交也在重新定义他们。他们面临的挑战是将性和亲密融入一个过去只由友谊和亲情来定义的关系世界。

　　成年人也不能豁免。害羞可能是由生活剧变造成的。例如中年离婚可能是其中之一，一段关系的失败会带来一系列问题，自信心受挫和在意外界评价，让人变得害羞。对于自我评价较高、职业定义明确的人来说，从一份长期工作中被解雇同样会让他们变得不堪一击，羞于与他人提及。

5.害羞的影响

　　害羞的情绪深刻影响着个体的方方面面。

　　（1）**社交障碍**：害羞的孩子往往因为难以克服与他人相处时的紧张情绪，而错失社交机会，进而陷入更多的孤独之中。这种自我隔离不仅限制了他们发展社交技能和自信的可能，还加剧了孤独感。长期的孤独不仅影响心理健康，还可能导致社交焦虑的恶性循环，进一步阻碍个人成长和人际关系的建立。

（2）**自尊心受损**：害羞的孩子更容易成为嘲笑和排斥的对象，特别是因为他们的高反应性和易受伤特质，使他们成为欺凌者的首选目标。这种持续的负面情感经历会严重损害他们的自尊心和自信心，导致他们对自己及与他人的关系持有负面看法。

（3）**心理健康风险**：孤独和隔离已被大量研究证实与精神和身体的衰退，甚至加速死亡有关。缺乏亲密的社会关系网络使个体更容易受到风险的影响，难以分享和缓解内心的恐惧与不安，从而增加产生偏执和错误信念的风险。

（4）**不良行为倾向**：害羞的人可能通过滥用酒精等来作为社交的润滑剂，以减轻自我意识并寻求短暂的被接受感。这种行为不仅危害身体健康，还可能引发更严重的社会问题。

（5）**决策焦虑**：害羞的人在社交场合中常常花费大量时间思考和犹豫，无法像其他人那样自然地享受当下。他们过分关注过去的失败或未来的可能结果，导致无法在当前的交流或活动中集中精力，从而浪费了宝贵的时间并影响了表现。

（6）**文化价值贬低**：尽管害羞的人可能具备倾听能力和同理心，但现代文化往往贬低这些特质，更倾向于推崇大胆和表现力。这种价值导向使得害羞者更加难以被理解和接纳，进一步加剧了他们的社交困境。

　　害羞不仅限制了个人在社交、情感和心理方面的发展，还可能对身体健康和整体生活质量造成严重影响。因此，理解并帮助害羞者克服这些障碍对于促进他们的全面发展具有重要意义。当然，尽管害羞常被视为消极特质，但害羞者在某些情境下会表现出更强的适应性。比如，害羞赋予了个体独特的优势，害羞者往往是出色的倾听者，他们的专注与同理心使得他们能够拥有更加深厚的人际关系。同时，对他人情感的敏感使他们成为值得信赖的朋友和伙伴。

如何克服害羞

　　在成长的道路上，许多人都有过害羞的经历。它如同一层薄纱，遮蔽了我们的自信与光芒，让我们在人际交往中踌躇不前。无论害羞程度如何，通过时间、耐心、勇气与不懈的努力，我们都能找到属于自己的突破之路。下面是一些应对害羞的策略。

1. 不要过度关注自己

　　我们常常高估了外界对我们的关注度，真相是，人们大都沉浸在自己的世界里。一个著名的心理学实验生动地展示了这一点：参与者被要求观察篮球传递，期间一名扮成大猩猩的人穿场而过并捶胸，令人惊讶的是，约半数人竟未察觉这一幕。这揭示了我们的"选择性注意力"倾向，这种倾向导致我们忽视了周遭的许多细节。同样地，在自我表达时，我们也常因过分聚焦于自身而误以为他人会同等程度地留意我们的每一个细节，实则不然。

面对自己的笨拙或尴尬瞬间，我们应学会自我和解。尴尬并非失败的标志，而是人际交往中自然出现的信号，它证明了交流的活跃与真实。有趣的是，研究还发现，当我们自认为表现尴尬时，实际情况往往并非如此。例如，在表达情感时，我们常高估对方的感受，而实际上，接收者可能比我们预期的更能正面地接收这些信息。

2. 关注他人

往往，害羞者将问题归咎于自我，认为害羞是性格的缺陷。但研究表明，解决害羞问题的关键在于跳出自我框架，更加关注周围的世界。害羞并非孤立存在，而是我们与外部环境互动时的一种情绪反应。因此，要摆脱害羞的束缚，首要任务是减少对不安全感的沉溺，转而关注他人，建立更深层次的联结。尝试以更加开放和好奇的心态去观察、倾听和理解周围的人。通过参与对话、分享经历、提供支持和寻求反馈，害羞者可以逐渐建立起更深层次的社交联结，这些联结不仅有助于增强他们的自信心，还能让他们在实践中学习如何更有效地与他人交往。

例如，文文是一个曾经非常害羞的大学生，加入学校的辩论社后，开始尝试在众人面前发表自己的观点。起初，他紧张得几乎说不出话，但随着时间的推移，他学会了将注意力从担心自己的表现转移到理解辩题、倾听对手论点以及思考如何有效回应上。渐渐地，他发现自己不仅能够流畅地表达，还能从中获得乐趣和成就感。这个过程不仅帮助他克服了害羞，还让他在社交和学习上取得了显著的进步。这个例子生动地展示了跳出自我框架、关注他人并建立深层次联结对于摆脱害羞束缚的重要性。

3. 与害羞共存

成功的害羞者并非不再害羞，而是学会了与害羞共存，甚至利用它作为成长的催化剂。他们深刻理解了害羞的本质及其对身心的影响，并在此基础上采取行动。他们不再被自我意识所困，而是用自我意识指导自己的行为。通过提前规划、积极准备，他们在社交场合中表现得更加从容不迫。更重要的是，他们敢于面对自己的不足，譬如不擅闲聊或紧张过度，也能通过实践逐步克服这些障碍。

例如，李明在大学时期一直是个相对害羞的人，在人群中发言时容易脸红心跳，甚至声音颤抖。李明深知自己在技术方面有着深厚的兴趣和扎实的功底，于是他决定利用这一点，并主动寻求机会参与团队的项目展示和技术研讨会。在每次准备演讲前，他都会提前做大量的功课，不仅深入研究技术细节，还精心设计演讲内容，甚至模拟演讲过程，以减轻紧张感。

随着时间的推移，李明发现自己在演讲中越来越自信，虽然害羞的感觉并未完全消失，但他学会了如何控制并转化这种情绪。他开始注意到，正是这份害羞，让他在准备过程中更加专注和细致，从而在汇报时能够呈现出更加深入和独到的见解。更重要的是，李明敢于面对自己在社交技巧上的不足，比如他不擅长闲聊，常常在聚会中感到无所适从。但他没有逃避，而是主动参加社交活动，尝试与不同的人交流，从中学习如何更好地与人建立联系。他还通过阅读书籍、观看视频等方式学习社交技巧，不断提升自己的能力。他的故事证明了，害羞并不一定是阻碍成长的绊脚石，关键在于我们如何对待它、利用它，使之成为推动我们不断前进的力量。

4. 建立微互动

在日常生活中创造积极互动的机会。无论是简单的购物交流还是参与志愿服务，害羞者都以真诚和热情对待每一个人，这种态度不仅能让他们赢得他人的尊重和喜爱，更能让他们在社交中找到归属感和成就感。他们会意识到，当自己更加关注与他人的交互时，害羞便不再成为阻碍。

5. 拒绝完美

"我不一定要完美才有价值。"当我们在社交场合中摒弃对完美的苛求时，反而更能赢得他人的喜爱。一项研究表明，当个体不采取那些旨在避免拒绝的安全行为（如过度言谈以掩饰不安）时，他人反而更倾向于与他们建立友谊。放弃这些防御机制，使人能够更全情投入当下的交流，享受真实的互动。一味追求尽善尽美，时刻警惕着避免任何可能遭遇拒绝的迹象，只会让我们分心，与真实的自我和他人的联结渐行渐远。记住，你的价值植根于你真实无伪的自我之中，而非迎合任何不切实际的期望。

6. 社交应对技巧

为社交场合做准备可以将你的注意力从可能出错的地方转移到可能正确的地方。为他人准备问题和你想分享的轶事。想想你们可能有什么共同点。对他人保持好奇心和减少自我批评也是有帮助的。害羞不会自己消失。害羞的人可以在承认并理解自己的害羞后，基于这种自我意识采取行动。他们意识到闲聊可能不是自然而然的，所以他们提前计划，排练问题和轶事，在会面时提前到达以适应新环境。通过在社交中培养以下八大应对方式，每个人都可以提升自己的社交能力。

- 提前准备：投入时间磨炼社交技巧，积极参与各种社交活动。为了减少焦虑感，可以提前为社交场合做好充分准备。思考并列出一些可能的话题，这些话题可以围绕时事、个人经历或共同兴趣展开。通过这样的准备，你不仅能增加话题的多样性，还能在交谈中更加流畅自如。

- 设定正面目标：在参与社交活动前，不妨为自己设定一系列正面目标。这些目标可以具体而实际，如"今天我要主动与三个人打招呼""我要在交谈中分享一个有趣的话题"。明确的目标能够引导你的行为，让你在社交场合中更加主动和自信。

- 允许退出：尽管我们鼓励勇敢面对社交场合，但为自己准备一条"退路"也是必要的。这并不意味着逃避，而是让自己在感到不适时有一个缓冲的空间。知道自己可以随时离开或调整状态，会让你在社交中更加从容不迫。

- 学会提问：学会提问是开启对话的关键。通过提出开放式问题，如"你最喜欢的一本书是什么"或"最近有什么有趣的事情发生吗"，可以引导对方分享更多信息，同时展现你的兴趣和关注。在倾听的过程中，保持眼神交流，给予积极的反馈，让对方感受到你的真诚和尊重。

- 寻找共同点：人们往往更容易与有共同兴趣或经历的人建立联系。在社交场合中，注意观察并寻找与他人的共同点，如共同喜欢的电影、音乐或旅行目的地等。这些共同点可以成为你们深入交谈的桥梁，帮助你们更快地建立信任和友谊。

- 自我接纳：害羞的人往往对自己过于苛刻，内心的对话充满了自我批评和否定。这种负面的内心对话不仅会影响你的情绪状态，还会削弱你的社交能力。为了改变这一状况，你需要学会软化内心对话，实现自我接纳。

- 积极自我对话：尝试关注自己的优点和成就，用积极的话语来鼓励自己。当内心的批评家开始责备你时，用更加温和和理性的声音来回应它。记住，每个人都有不足之处，但重要的是要学会接纳自己、欣赏自己。

- 培养自我同情：学会对自己产生同情和理解。当
  你感到害羞或不安时，不要过于苛责自己。相反，
  尝试从自己的角度出发去理解这种情绪的产生
  原因，并给予自己一些安慰和支持。通过培养
  自我同情，你可以更好地应对社交中的挑战和
  困难。

在探索自我成长的旅途中，克服害羞情绪无疑是一个既充满挑战又极具意义的篇章。害羞，这一普遍而复杂的情感体验，往往如同一层轻柔却坚韧的茧，将我们包裹其中，既保护着我们免受外界伤害，也悄然限制了我们的视野与潜力。然而，正如我们在这段旅程中所见到的，害羞并非不可逾越的障碍，而是心灵成长的催化剂，等待着我们去勇敢地揭开其面纱。

从心理学的视角，我们深入剖析了害羞的根源，发现它往往源于对自我价值的质疑、对社交评价的过度担忧以及对未知的恐惧。但更重要的是，我们认识到害羞并非个人缺陷，而是人性中普遍存在的一面，每个人都在不同程度上与之共舞。正是这种认知的转变，为我们提供了打破害羞情绪的第一把钥匙——接纳与自我理解。

在接纳害羞的同时，我们学会了如何以温柔而坚定的步伐，逐步探索自我成长的路径。这包括培养自

信，通过小步骤的成功积累来增强自我效能感；学习有效沟通技巧，让真诚与倾听成为我们社交的桥梁；培养自我同情，让我们在面对挑战时能够更加从容不迫。这些策略并非一朝一夕就能实现，而是需要我们在日常生活的点滴中持续实践，直至它们成为我们自然而然的行为模式。

此外，在克服害羞的过程中，朋友、家人乃至专业心理咨询师的理解与支持，将有利于我们在感到迷茫或挫败时能够找到力量，继续前行。同时，参与社交活动、加入兴趣小组或志愿服务等，也是拓宽社交圈子、增强社交技能的有效途径。在与他人的互动中，我们不仅学会了如何更好地表达自己，也学会了如何更好地理解和接纳他人。

克服害羞情绪并非终点，而是一个持续发展的过程。在这个过程中，我们不断地挑战自我、超越自我，逐渐发现那个更加勇敢、自信、真实的自己。害羞或许会偶尔造访，但它已不再是束缚我们的枷锁，而是推动我们不断前行的动力之一。

最后，让我们以更加开放和包容的心态，继续拥抱生活中的每一个挑战与机遇。记住，每个人都有自己独特的节奏和步伐，不必急于求成，也不必过分比较。只要我们勇敢地迈出第一步，持续努力，就一定能够打破害羞的茧壳，展翅高飞，在人生的广阔天空中自由翱翔。因为，真正的价值不在于我们是否完美无瑕，而在于我们是否敢于展现真实的自我，勇于追求内心的梦想与渴望。害羞不是枷锁，而是成长路上的一个挑战，只要我们勇于面对并努力克服它，就能绽放出属于自己的光彩。

结 语

　　在结束了探索愤怒、焦虑、挫败、嫉妒、厌恶、愧疚、孤独、害羞这一系列复杂而深刻的情绪之旅后，我们站在了人类情感地图的交汇点上，回望这一路的风景，心中不免生出无限的感慨。情绪，作为人类精神世界不可或缺的一部分，它们既是生活的调味剂，也是成长的催化剂，既能引领我们跨越难关，也可能在不经意间成为束缚心灵的枷锁。在本书的结语中，让我们一同总结这段旅程的收获，寻找与这些情绪和谐共处的智慧之道。

理解即宽恕：情绪的多面性

　　首先，我们深刻地认识到，每一种情绪都是人类进化过程中留下的宝贵遗产，它们承载着保护自我、促进社交、激发潜能的重要作用。愤怒是界限的守护者，提醒我们何时应挺身而出；焦虑是对未来的未雨绸缪，促使我们做好准备；挫败是成长的垫脚石，教会我们坚韧与反思；嫉妒则揭示了内心未被满足的渴望，引导我们寻找自我价值；厌恶是身体的自然反应，帮助我们远离潜在威胁；愧疚是道德的指南针，引导我们修复关系，弥补过错；害羞则是社会适应的细腻表现，促使我们学会尊重他人边界。

理解这些情绪的多面性，是迈向自我接纳与情感成熟的第一步。它们并非洪水猛兽，而是内心世界的真实反映，值得我们以温柔和耐心去倾听、理解并接纳。

情绪管理：从认识到行动

在理解的基础上，情绪管理成了我们探索的重要课题。情绪管理并非简单的压抑或忽视，而是一种积极、主动、策略性的应对方式。它要求我们能够识别自己的情绪，包括情绪的触发点、强度及持续时间，这是情绪管理的第一步。接下来，通过深呼吸、冥想、运动等物理手段，或是认知重构、情绪日记等心理策略，我们可以逐步学会调节情绪，减少其负面影响，甚至将其转化为积极的力量。

尤为重要的是，情绪管理还涉及情绪表达的艺术。健康地表达自己的情绪，不仅有助于个人情感的释放与平衡，

也是建立良好人际关系的关键。学会用"我"语言来表达
感受，避免指责与攻击，让沟通成为情感交流的桥梁而非
冲突的导火索。

情感智慧：从自我到他人

　　情感智慧，又称情绪智力，是指个体识别、理解、管
理自己及他人情绪的能力。它超越了单纯的情绪管理，强
调在复杂的人际互动中灵活运用情绪信息，以促进个人成
长与和谐关系。培养情感智慧，意味着我们要学会共情，
即能够站在他人的角度去感受和理解其情绪状态，这不仅
能增进我们的人际理解和沟通能力，还能在冲突和分歧中
找到共识与和解的路径。

　　同时，情感智慧也要求我们具备自我激励的能力，即
使面对挫折与失败，也能保持乐观的心态，从失败中汲取
教训，不断前行。这种内在的力量，是驱动我们持续成长、
追求卓越的重要源泉。

情绪与成长：一场美丽的蜕变

　　回顾这段情绪探索之旅，我们不难发现，每一次与情

绪的深刻对话，都是一次心灵的洗礼与成长。愤怒让我们学会设定界限，保护自我；焦虑促使我们未雨绸缪，勇敢前行；挫败教会我们坚韧不拔，反思成长；嫉妒激发我们寻找自我价值，超越比较；厌恶让我们学会辨别是非，保持纯净；愧疚引导我们修复关系，学会责任；害羞则促使我们谦逊有礼，尊重他人。

正是这些看似负面的情绪，在不经意间塑造了更加完整、深刻的我们。它们如同生命中的磨砺石，虽带来痛苦与挑战，却也让我们在磨砺中绽放出更加耀眼的光芒。

与情绪共舞，拥抱完整人生

最终，我们学会了与情绪共舞，不再将其视为敌人，而是视为生命旅程中不可或缺的伙伴。我们明白，正是这些丰富多样的情绪，构成了我们独一无二的情感世界，让我们的生命之树得以茁壮成长，绽放出五彩斑斓的花朵。

在未来的日子里，愿我们都能以更加开放的心态去拥抱每一种情绪，无论是喜悦还是忧伤，愤怒还是平静，都将其视为生命赋予的宝贵礼物。让我们在情绪的海洋中自由翱翔，不断探索、学习、成长，最终找到属于自己的心灵港湾，享受那份由内而外的宁静与和谐。

　　因为，正是这些情绪，构成了我们完整而真实的人生。与它们和解，就是与自己和解，与世界和解。在这场关于情绪的探索之旅中，愿我们都能成为更加智慧、更加坚韧、更加温柔的自己。

延伸阅读

[1] 伯恩斯.伯恩斯新情绪疗法 [M].李安龙,译.哈尔滨:北方文艺出版社,2007.

[2] 唐华,王甦平,龚睿婕,等.挫败感量表对医学生焦虑抑郁态的信效度评估 [J].上海交通大学学报(医学版),2019,39(01):84-88.

[3] ACKERMAN D. One Hundred Names for Love: A Memoir[M]. New York: W. W. Norton, 2011.

[4] 巴洛,等.情绪障碍跨诊断治疗的统一方案:治疗师指南 [M].王辰怡,尉玮,闫煜蕾,等译.北京:中国轻工业出版社,2013.

[5] BECK A T, WEISHAAR M. Cognitive therapy [J]. Cognitive therapy and research, 1989, 13(1): 21-36.

[6] BERKOWITZ L. Frustration-aggression hypothesis: examination and reformulation [J]. Psychological bulletin, 1989, 106(1): 59.

[7] BROWN B. Shame resilience theory: A grounded theory study on

women and shame [J]. Families in society, 2006, 87(1): 43-52.

[8]　CALABRESE E J. Converging concepts: adaptive response, pre-conditioning, and the Yerkes-Dodson Law are manifestations of hormesis [J]. Ageing research reviews, 2008, 7(1): 8-20.

[9]　CHILD I L, WATERHOUSE I K. Frustration and the quality of performance: II. A theoretical statement [J]. Psychological review, 1953, 60(2): 127.

[10]　CSIKSZENTMIHALYI M. Flow and the psychology of discovery and invention [M]. New York: HarperPerennial, 1997.

[11]　EISENBERGER N I, JARCHO J M, LIEBERMAN M D, et al. An experimental study of shared sensitivity to physical pain and social rejection [J]. Pain, 2006, 126(1-3): 132-138.

[12]　EKMAN P, FRIESEN W V. Constants across cultures in the face and emotion [J]. Journal of personality and social psychology, 1971, 17(2): 124.

[13]　FUQUA D R, LEONARD E, MASTERS M A, et al. A structural analysis of the state-trait anger expression inventory [J]. Educational and psychological measurement, 1991, 51(2): 439-446.

[14]　HARRIS R. ACT made simple: An easy-to-read primer on acceptance and commitment therapy [M]. Oakland: New Harbinger Publications, 2019.

[15]　HEINTZELMAN S J, KING L A. Life is pretty meaningful [J].

American psychologist, 2014, 69(6): 561-574.

[16] IZARD C E. Human emotions [M]. New York: Springer Science & Business Media, 2013.

[17] KOENIG J. The dictionary of obscure sorrows [M]. New York: Simon & Schuster, 2021.

[18] LAURENCEAU J P, BARRETT L F, PIETROMONACO P R. Intimacy as an interpersonal process: the importance of self-disclosure，partner disclosure, and perceived partner responsiveness in interpersonal exchanges [J]. Journal of personality and social psychology, 1998, 74(5): 1238-1251.

[19] LERNER J S, KELTNER D. Fear, anger, and risk [J]. Journal of personality and social psychology, 2001, 81(1): 146-159.

[20] MAIER M A, BUECHNER V L, DECHAMPS M C, et al. A pre-registered multi-lab replication of Maier et al. (2014, Exp. 4) testing retroactive avoidance [J]. PLoS one, 2020, 15(8): e0238373.

[21] MILLS J F, KRONER D G, FORTH A E. Novaco Anger Scale: Reliability and validity within an adult criminal sample [J]. Assessment, 1998, 5(3): 237-248.

[22] NORMAN S B, HAMI CISSELL S, MEANS‐CHRISTENSEN A J, et al. Development and validation of an overall anxiety severity and impairment scale (OASIS) [J]. Depression and anxiety, 2006, 23(4): 245-249.

[23] PLUTCHIK R. The emotions [M]. Lanham: University Press of America, 1991.

[24] SMITH T W. The Book of Human Emotions: From Ambiguphobia to Umpty—154 Words from Around the World for How We Feel [M]. New York: Little, Brown Spark, 2016.

[25] WOLPE J. The systematic desensitization treatment of neuroses [J]. Journal of nervous and mental disease, 1961, 132(3): 189-203.